Michael Grinder

Estrategias
no verbales
para la
enseñanza

Guía personal para el manejo
del salón de clases

EDITORIAL
PAX MÉXICO

Título de la obra en inglés: *ENVOY Your Personal Guide to Classroom Management*
© 1993 por Michael Grinder & Associates

COORDINACIÓN EDITORIAL: Matilde Schoenfeld
TRADUCCIÓN: Enrique Mercado
ILUSTRACIÓN: Leticia Serrano
PORTADA: Beatriz Saldaña

© 2004 Editorial Pax México, Librería Carlos Cesarman S.A.
    Av. Cuauhtémoc 1430
    Col. Santa Cruz Atoyac
    México D.F. 03310
    Teléfono: 5605 7677
    Fax: 5605 7600
    Correo electrónico: editorialpax@editorialpax.com
    Página web: www.editorialpax.com

Primera edición, 2004
ISBN 968-860-627-8
Reservados todos los derechos
Impreso en México / *Printed in Mexico*

A mamá y papá.

Como dice una canción,
"soy herencia viva..." de mis padres.
Uno me transmitió el placer y la audacia
de pensar que tengo algo que ofrecer
mientras que el otro
fue un modelo de gran delicadeza.

Y a todos los que confiaron en Gail y en mí
y nos apoyaron financiera y emocionalmente
en nuestra transición de maestros a empresarios.

Reciban nuestro más profundo amor y agradecimiento.

Índice

Agradecimientos

Este libro presenta una descripción detallada de patrones de excelencia en el manejo no verbal de grupos de estudiantes. Así, no es un invento, sino un descubrimiento. En la siguiente lista aparecen las personas que contribuyeron a hacer posible esa descripción.

- Judith DeLozier y John Grinder me enseñaron a ver y oír.
- Carol Cummings, Robert Garmston, David Lundsgaard, Kate McPherson, Gary Phillips y Dennis Westover me introdujeron en el modelo de asesoría pedagógica.
- Cheryl Livneh tuvo la sensatez de promover la asesoría y el aprendizaje práctico.
- Ron Rock me convenció cortésmente de la necesidad de contratar a un editor profesional.
- Patty Kellogg me condujo más allá de la comunicación conmigo mismo.
- Paula Bramble fue nuestra santa patrona de la computación.
- Thomas Grinder me enseñó a delegar parte de mi trabajo a representantes para poder permanecer en casa con Gail.
- Richard Anderson, Barbara Lawson y Diane McIntosh fueron los primeros "asesores residentes" de ENVoY.
- Polly Hobbs me propuso el título de este libro, elaboró las ilustraciones e inspiró abundantes ideas.
- Barbara Lawson realizó rigurosas correcciones conceptuales del contenido del libro, así como la lectura final.
- Kathy Coffin, Janice Sayler y Ruth Vandercook leyeron varios juegos de pruebas.
- David Balding, Amy Manning, Marla Ransom y Val Wilkerson prestaron asistencia a los ilustradores.
- Cristine Cooks y Gabi Dolke hicieron aportaciones conceptuales.
- Joyce Patterson proporcionó la música.
- National Training Associates auspició el programa nacional de acreditación de profesionales del programa estrategias no verbales para la enseñanza.

Mi gratitud asimismo a los siguientes patrocinadores e impulsores dentro y fuera de Estados Unidos: Susan Albert, Mary Ellen Brunaugh, Lindagail Campbell, O. J. Cotes, Diana Delich, Carol D'Souza, Henning Eberhagen, Jenny Edwards, David Halstead, Glenda Hutchinson, Bob Lady, Pat Lassanske, Margo Long, Linda McGeachy, Rudolf Schulte-Pelkum, Dr. Lindsey Smith y Marianne Thompson.

Finalmente, gracias también a Gail Grinder, mi compañera personal y profesional, quien me ayudó a mantener el equilibrio entre el entusiasmo por el proyecto y el hogar y la familia. Gracias por haber dedicado tanto tiempo a la transcripción de este libro, convencida del valor de nuestra contribución a lo que tanto amamos: la educación.

Colaboraron en la segunda edición de este libro Suzanne Bailey, Ellen Douglass, Kaze Gadway, Amanda Gore, Gail Grinder, Nick Hinebaugh, Polly Hobbs, Michael Lawson, Joyce Patterson, Nancy Stout, Mary Yenik, Kendall Zoller y Steve Zuieback.

Prefacio

Inventos revolucionarios

En el parque Henry Ford, a las afueras de Dearborn, Michigan, hay un museo dedicado a Thomas Alba Edison, quien fue amigo de Henry Ford. Al visitarlo uno se da cuenta de que Edison aprendió de sus fracasos tanto como de sus éxitos. En realidad para él no había fracasos: todo era retroalimentación. Concluido el recorrido por los inventos de Edison, desde el foco hasta el teléfono, suele surgir la pregunta: "¿Cuál fue su descubrimiento más importante?"

Podría serlo cualquiera de sus siete inventos más útiles, pero, por sorprendente que parezca, lo que verdaderamente le enorgullecía era su laboratorio, origen de todos sus descubrimientos.

Los inventos de Edison transformaron por completo la idea de la tecnología y la vida cotidiana de la humanidad. De igual manera, este libro podría transformar su salón de clases y llevarlo a usted a nuevas alturas.

Ardilla

Puesto que el propósito de este libro es que los maestros moderen el manejo verbal del salón de clases y presten mayor atención a sus mensajes no verbales, una ardilla hembra y una macho nos servirán de intérpretes de este método, ya que nos permitirán recordar que el eficaz manejo del aula se reduce a ser "tan sigilosos como una ardilla".

Introducción

*Estamos inadvertidamente enamorados de la influencia del poder,
y necesitamos estar enamorados del poder de la influencia.*

Antes "segundos padres" de nuestros alumnos, hoy los educadores somos para muchos de ellos su único modelo adulto a seguir. Estos alumnos buscan atención a toda costa. Aun si es negativa, un poco de atención es mejor que ninguna en absoluto.

¿Qué efectos tiene esto en nuestra manera de conducirnos en el salón de clases? Hoy más que nunca niños y niñas necesitan firmes y congruentes parámetros, pero también la posibilidad de mantener buenas relaciones con su maestra o maestro. Antes, éstos podían ejercer **poder** al establecer parámetros. Pero ahora el antiguo estilo autoritario del **poder** no motiva a los estudiantes a guardar buena conducta y aprender.

Para comprender a este nuevo tipo de estudiantes y conseguir que se comporten correctamente y aprendan, los maestros debemos abandonar el ejercicio del **poder** y establecer con nuestros alumnos relaciones basadas en la **influencia**. Este libro está basado precisamente en la influencia. Su propósito es la preservación de relaciones respetuosas. Un experto en nuestro arte comentó recientemente:

Los alumnos no valorarán lo que sabemos
si no saben que los valoramos.

La aplicación del contenido de este libro no se restringe al salón de clases. Antes los maestros eran retribuidos de acuerdo con la premisa de que la **sabiduría** de un individuo depende de la experiencia y los conocimientos que posee. Pero si esta premisa fuera cierta, a un profesor le bastaría con obtener un grado de maestría para elevar su calidad docente y los maestros universitarios serían los mejores transmisores de conocimientos. La aceptación institucional de esa premisa se evidencia en el hecho de que la escala salarial magisterial está basada en la experiencia y el número de créditos académicos acumulados. Sin embargo, posesión de conocimientos no equivale a transmisión eficaz, mientras que, por su parte, la experiencia genera malos hábitos tanto como buenos. Recientemente vi un rótulo que resume el cambio de paradigma de las estrategias no verbales para la enseñanza:

La práctica no perfecciona; la práctica afianza...

Transmisión

¿Nuestra experiencia profesional nos mantiene estacionados? Para evitarlo, debemos dirigir nuestra atención más allá del **contenido** de lo que enseñamos para considerar el **proceso** a través del cual transmitimos conocimientos. De acuerdo con una investigación de la National Education Association (NEA) de Estados Unidos, 82% de la comunicación que los maestros establecen con sus alumnos ocurre en forma de mensajes no verbales, pese a lo cual la tradición privilegia el nivel verbal.

Como es posible deducir de esa investigación, la habilidad más importante de todo profesional de la educación es el uso sistemático de mensajes no verbales. Mediante el empleo de la amplia gama de habilidades no verbales recogidas, aprenderemos a conducirnos atinadamente con nuestros alumnos, y a enriquecer por lo tanto nuestra poderosa relación de **influencia** con ellos. Este libro le prestará a usted dos servicios: indicarle las estrategias a seguir para convertirse en un as de la conducta no verbal con objeto de mantener buenas relaciones con sus alumnos e inducirlo a recurrir al apoyo profesional de sus colegas.

Colegialidad

El péndulo del desarrollo profesional se ha desplazado hacia la asesoría colegial. Al principio, el argumento fue que si le era permitido a un compañero entrar al salón de clases de un colega para observar, prestar apoyo y ofrecer sugerencias, éste se volvería más competente. La asesoría se convirtió en el principal vehículo de desarrollo profesional en las escuelas cuyos profesores accedían a la retroalimentación de sus compañeros. Esto generó entusiasmo, pero después la participación colegial disminuyó. Un análisis detallado reveló un patrón interesante: los maestros seguían deseando los comentarios de sus compañeros, pero éstos rechazaban la invitación a observarlos. Supimos así que lo importante no era la asesoría en sí misma, sino las condiciones y bienestar de quien la ofrecía. Esas condiciones deben ser al menos dos: la posibilidad de realizar observaciones sustanciales y el ofrecimiento de una retroalimentación respetuosa. Por consiguiente, mientras que en la primera parte de este libro encontrará sugerencias para observarse a sí mismo y reflexionar en ello, en la segunda hallará formularios para la observación estructurada y la retroalimentación imparcial. Esta obra le proporciona plantillas para el respetuoso y ecológico reforzamiento de sus habilidades no verbales.

Como retóricamente preguntaría el poeta, ¿do mana la profesional sabiduría? La respuesta es que la **sabiduría** procede de nuestra profunda reflexión colectiva sobre la experiencia. Es absolutamente necesario que compartamos la riqueza encerrada tras la puerta de nuestros salones de clases... y para hacerlo debemos proceder a voluntarias observaciones estructuradas de nuestros compañeros y a la retroalimentación imparcial. La visita a las aulas de nuestros colegas nos permitirá advertir el bosque del **proceso** a partir de los árboles del **contenido**. Aquí ponemos en sus manos un saber colectivo sobre el manejo del salón de clases y sobre la capacidad para influir en los alumnos a través de relaciones positivas. Éstos son los prerrequisitos de la enseñanza eficaz.

¡Ah, por cierto! La tercera línea del rótulo que cité anteriormente, la cual completa la idea acerca del cambio de paradigma, es:

...sólo la práctica perfecta perfecciona.

MICHAEL Y GAIL GRINDER
Battle Ground, Washington, Estados Unidos

Cómo usar este libro

El solo conocimiento de investigaciones aplicadas sobre la comunicación no verbal en el salón de clases nos dará como resultado que los maestros modifiquen sus hábitos. Por ello, este libro contiene el instrumento ideal para el desarrollo profesional: ejercicios prácticos y asesoría de los compañeros.

Organización de los capítulos

De acuerdo con las técnicas de manejo del salón de clases, toda lección por impartir en éste consta de cuatro fases: **Captar la atención, Enseñanza, Transición a la actividad de escritorio y Actividad de escritorio**. Puesto que el lector deberá fotocopiar las "hojas de habilidades" contenidas en este libro, todas ellas han sido identificadas con un emblema en la parte inferior de la página para indicar la fase a la que corresponden.

Aunque son más de 30 las habilidades asociadas con las cuatro fases de una lección, los capítulos han sido organizados para que usted avance palpablemente hacia el dominio del método. Cada capítulo contiene una descripción general de las habilidades respectivas, así como indicaciones acerca del nivel educativo al que es aplicable cada hoja de habilidades.

Captar
la atención

Enseñanza

Transición a la
actividad de
escritorio

Actividad
de escritorio

Formularios individuales

Los capítulos 1 a 5 incluyen ejercicios prácticos. Usted podrá deducir fácilmente cuáles debe repetir varias veces antes de pasar a la siguiente habilidad. No olvide que para convertir una técnica en hábito, es necesario ejercitarla entre 6 y 20 veces. Afortunadamente, el salón de clases nos ofrece la oportunidad de realizar cientos de prácticas a la semana.

Capítulo 1: Contiene las siete habilidades principales de las cuatro fases de toda lección. El conocimiento preliminar de estas siete habilidades le permitirá conseguir mejoras inmediatas en la comunicación no verbal con sus alumnos. Lea este capítulo y lleve a cabo las actividades sugeridas en él antes de pasar a los siguientes. Las siete habilidades aparecen marcadas con la viñeta de una estrella.

Capítulos 2 A 5: En estos capítulos encontrará detallada información sobre las habilidades no verbales implicadas por las cuatro fases de una lección. Al terminar el capítulo 1, elija los siguientes en la secuencia que prefiera. Las tres habilidades más importantes de este bloque aparecen marcadas en el índice con la viñeta de una estrella.

Formularios para sus compañeros

Los capítulos 6 a 10 contienen los formularios para sus compañeros y corresponden a los cinco primeros capítulos. Luego de practicar lo suficiente una habilidad, invite a un colega a observar su desempeño.

Niveles de enseñanza

Algunas de las habilidades descritas en este libro son particularmente útiles para cierto sector de educadores. A los maestros que pasan con sus alumnos dos o más horas diarias les interesará su totalidad. Los profesores de educación media superior se interesarán en especial en las habilidades relacionadas con las dos primeras fases: **Captar la atención** y **Enseñanza**. Los maestros de educación media apreciarán en particular los capítulos 1 a 3 y 6 a 9 y algunos aspectos de los demás.

Aparte de estos criterios generales, la descripción de ciertas habilidades remite a un grado educativo específico, referido asimismo en los ejemplos. Usted deducirá fácilmente los ajustes que deberá hacer para responder a las necesidades particulares de sus alumnos.

Derechos de autor y de reproducción

Lo instamos a respetar los derechos del autor de este libro y a invitar a otros lectores a adquirir su propio ejemplar.

Asimismo, exhortamos al uso de este libro como manual de desarrollo profesional en escuelas de formación de maestros. Si usted es profesor de aspirantes a maestro, recuerde que también en este caso el ejemplo vale más que mil palabras, aunque es cierto que para llegar a un destino no siempre son indispensables las señales.

Las siete estrellas-guía para las cuatro fases

En este capítulo presentaré las siete habilidades más importantes para el mejoramiento de las técnicas de enseñanza durante las cuatro fases de toda lección: **Captar la atención**, **Enseñanza**, **Transición a la actividad de escritorio** y **Actividad de escritorio**. Para poder obtener provecho de las demás secciones del libro, es indispensable que convierta en hábito estas siete habilidades. Es posible, incluso, que algunos usuarios de este manual queden más que satisfechos con el solo aprendizaje de estas aptitudes.

Cuándo aplicar las siete habilidades

Después de leer la descripción de las siete habilidades, tal vez usted se diga: "¡Eso es demasiado fácil!" Sin embargo, no se contente con el nivel cognoscitivo del saber, apenas un "premio de consolación"; ¿cómo explicar, de lo contrario, que los profesores universitarios con nivel de doctorado no sean precisamente los mejores comunicadores en las aulas? Si su grupo de estudiantes es fácil de manejar o se encuentra usted en uno de esos días en los que se siente particularmente lúcido, no precisará de ninguna de las habilidades no verbales de este libro. Sólo necesitará conscientemente de ellas en dos situaciones. La primera corresponde a los días difíciles en los que usted se siente disperso, circunstancia en la que estas habilidades le permitirán adquirir lucidez. Es por ello que las estrategias no verbales explicadas en este libro son una invitación a practicar primero la modalidad menos recomendable de una habilidad no verbal y después el método recomendable. Obtendrá de este modo dos beneficios: el "descubrimiento por sí mismo" y la diferenciación práctica entre un día "disperso" y uno "lúcido". El día "disperso" es aquel en el que sus reacciones no verbales son resultado de la tensión. El día "lúcido" ocurre cuando hacemos uso de las estrategias de la comunicación no verbal. La segunda ocasión en la que precisará del conocimiento consciente de estas técnicas es cuando deba enseñarlas a otra persona. Es muy común que, interrogados acerca de cómo tratar a estudiantes que plantean incontables preguntas, experimentados educadores respondan: "No sé. Discúlpenme, pero no sabría cómo explicarlo."

Captar la atención	**Enseñanza**	**Transición a la actividad de escritorio**	**Actividad de escritorio**
Congelarse	Levantar la mano o responder	Instrucción de trabajo visuales	Distracción/ Neutral/ Concentración
LEVANTE LA VOZ (Haga una pausa) baje la voz		Los veinte segundos más importantes	Método de la influencia

Mecánica

Los nombres de las siete habilidades más efectivas para las cuatro fases de una lección aparecen bajo el nombre de la fase a la que corresponden.

Acertijos de las ardillas

Sea paciente. Las páginas tituladas "Acertijos de las ardillas" lo invitarán a reflexionar en la paciencia que fue necesaria para la plena maduración de un concepto.

El enorme poder de influencia de las siete estrellas en usted o, mejor dicho, en sus alumnos, saltará a la vista cuando aprenda y practique estos dos principios fundamentales de las estrategias no verbales para la enseñanza:

- El uso sistemático de señales no verbales es la esencia de la comunicación eficaz.
- La habilidad no verbal más poderosa es la PAUSA.

Dado que esta obra puede servir como libro de texto y cuaderno de trabajo en cursos universitarios, en la parte superior de las hojas de habilidades aparece un espacio para que el estudiante escriba su nombre.

Referencia al género

Aunque mi deseo como autor ha sido facilitar la lectura, también deseo ser respetuoso con el género. Por lo tanto, a riesgo de parecer redundante, siempre que me ha sido posible he utilizado los términos "maestro o maestra" y "alumno o alumna".

Acertijo de las ardillas

El radar fue finalmente utilizable en 1939, 35 años después de haber sido concebido. El cierre o cremallera fue concebido en 1883. ¿Cuánto tiempo transcurrió antes de que fuera posible utilizarlo?

Congelar el movimiento de su cuerpo

Lo menos recomendable	Lo recomendable

> Un respetado profesor universitario estadounidense dijo: "Aunque nos parezca fastidioso, en realidad es una fortuna que para algunos de nuestros alumnos el inglés sea su segunda lengua, porque eso nos obliga a actuar en vez de hablar. Así, en lugar de indicar al grupo que saque una pluma y una hoja, nosotros debemos sacar una pluma y una hoja. De igual manera, si deseamos que **deje** de hacer lo que está haciendo, debemos **dejar de movernos**."

El inicio de toda lección es un momento decisivo, porque en él el maestro o maestra establece la actitud y expectativas; en consecuencia, es esencial que su comunicación sea eficaz. La manera tradicional de atraer la atención del grupo consiste en advertir que es momento de empezar, con palabras que varían según el grado escolar del grupo y el estilo individual del profesor: "¡Atención!", "Su atención, por favor", "¡Niños!", "¡Jóvenes!", "¡Cuarto año!", "¡Silencio!", etcétera. Todas estas expresiones verbales transmiten el siguiente mensaje: "ALTO: dirijan aquí su atención."

Las técnicas no verbales con las que el maestro puede apoyar el nivel verbal de la **Captar la atención** son las siguientes:

- congelar el movimiento de su cuerpo (de ahí el nombre de esta habilidad)
- colocarse al frente del salón (el lugar de la autoridad, asociado con la atención de los alumnos)
- dirigir al frente las puntas de los pies
- apoyarse firmemente en ambos pies
- dar breves instrucciones orales

¿Qué ocurre en caso de que el maestro acompañe su mensaje verbal de ALTO con un mensaje no verbal de MOVIMIENTO? Al pedir a los alumnos interrumpir lo que están haciendo, fijarán la mirada en usted. Si en ese momento usted está caminando, percibirán una contradicción, de manera que no interrumpirán lo que estaban haciendo. Esto es así en particular cuando, al asistirlos durante la actividad de escritorio y percatarse de que debe aclarar un concepto, recurre al medio que considera más eficaz para atraer su atención: desplazarse al frente del aula al tiempo que pide verbalmente que lo escuchen.

En esta sección nos concentraremos en la inmovilidad no verbal, o en la práctica de *Congelar el movimiento de su cuerpo* mientras solicita verbalmente la atención de sus alumnos. Las investigaciones demuestran que la comunicación no verbal es más poderosa que la verbal. El siguiente formulario le permitirá comprobar la veracidad de ese argumento en su aula. En la sección "Detalles adicionales de la habilidad 'Congelar el movimiento de su cuerpo" complementaremos la descripción de esta habilidad.

1. Haga una lista de las expresiones que emplea más a menudo para solicitar la atención de sus alumnos.

_____

_____

_____

_____

_____

_____

Lo menos recomendable

2. Aplique durante dos días sus expresiones más comunes mientras se mueve. Describa la reacción del grupo.

_____

_____

_____

_____

_____

Lo recomendable

3. Aplique durante dos días sus expresiones más comunes, pero esta vez conegele el movimiento de su cuerpo mientras las dice. Al asistir a los alumnos en la actividad de escritorio y descubrir la necesidad de transmitirles cierta información, evite emplear sus expresiones comunes mientras se desplaza al frente. Hágalo en silencio, deje de moverse y sólo entonces atraiga su atención. Describa las diferencias entre lo ocurrido en estos dos últimos días y lo ocurrido en los dos días anteriores.

_____

_____

_____

_____

_____

_____

Acertijo de las ardillas

El cierre o cremallera comenzó a ser utilizado en 1913, 30 años después de haber sido concebido. El café instantáneo fue concebido en 1934. ¿Cuánto tiempo transcurrió antes de que fuera posible utilizarlo?

LEVANTE LA VOZ
(haga una pausa) baje la voz

Hay muchas maneras de atraer la atención de un grupo. Una de las más comunes consiste en decir sencillamente: "Su atención, por favor." El volumen de su voz debe ser ligeramente superior al volumen colectivo del grupo

Sea cual sea su estilo, una vez que atraiga la atención de sus alumnos haga una p a u s a, y después baje la voz.

Existen varias maneras de atraer la atención del grupo, según el grado escolar de éste. Por ejemplo, un maestro o maestra de 3° de primaria podría batir las palmas una vez, algo que difícilmente funcionaría en 3° de secundaria. Uno de los métodos más comunes consiste en decir sencillamente: "Su atención, por favor." El volumen de su voz debe ser ligeramente *superior* al volumen colectivo del grupo. Sea cual sea su estilo, una vez que atraiga la atención de sus alumnos, haga una *p a u s a* y después *baje la voz.*

El procedimiento anterior genera o incrementa una atmósfera tranquila, receptiva y productiva. Coloque un rótulo en la pared que diga: *LEVANTA LA VOZ (haz una pausa) baja la voz.*

Baje la voz

1. Fecha:_____ Hora:_____ Circunstancias inusuales:_____
   _____

2. Describa cómo atrajo la atención de sus alumnos._____
   _____
   _____

3. Su pausa duró _____ segundos (haga un cálculo aproximado). ¿Cómo determinó cuánto tiempo debía durar?_____
   _____
   _____

4. ¿Cuánto más baja era su voz cuando comenzó a hablar y cuánto tiempo transcurrió hasta que adoptó su volumen normal?_____
   _____
   _____

5. Descripción de resultados:_____
   _____
   _____

Escenario del peor día imaginable

¿Qué puede hacer si sus alumnos no responden a la estrategia anteriormente descrita? ¿Si el grupo se muestra particularmente ruidoso (en días del hemisferio derecho del cerebro, como en la semana anterior a las vacaciones de invierno)? ¿Qué debe hacer para conseguir la transición si no responden?

El volumen colectivo de un grupo puede ser captado y calibrado. Si usted eleva brevemente el volumen de su voz por encima del volumen del grupo, llamará la atención de éste o lo obligará a interrumpir lo que hace, con lo que lo dispondrá a escuchar.

Tras imponerse al volumen grupal, habrá llegado usted a un punto muy importante. En ese momento cuenta con apenas un breve instante para dirigir la atención de sus alumnos al contenido de la lección. Así, tiene dos opciones.

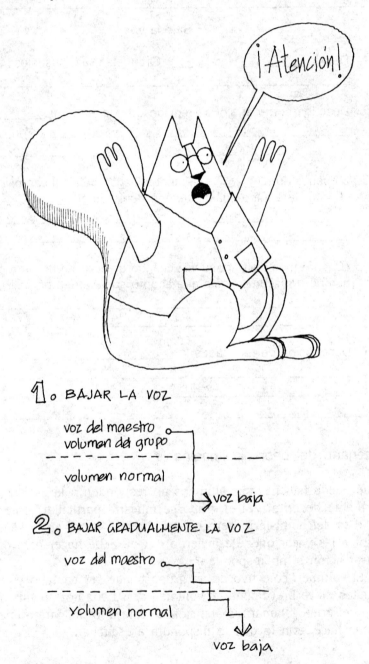

Si le es posible controlar el volumen de su voz, redúzcalo gradualmente. A veces ésta será su única salvación, pero es una habilidad que exige mayor disciplina y control, pues deberá reducir la voz a su volumen normal y después a un volumen bajo. A la mayoría de los maestros les resulta más fácil *bajar la voz* en un solo paso. De uno u otro modo, prolongue sus expresiones, hable lentamente y adopte un timbre suave. Obligará de este modo al grupo a disponerse a escuchar.

¿Qué hacer si ninguna de las opciones de la página anterior resulta eficaz? Una de dos cosas: omita la pausa entre la porción de *LEVANTE LA VOZ* ("Atención", por ejemplo) y el mensaje sobre el contenido ("Abran el libro en la página 32. Vamos a repasar para el examen de mañana", por ejemplo) o mantenga en alto la voz durante el mensaje del contenido. Esto es útil para los maestros de educación física y los entrenadores deportivos. Evite, sin embargo, omitir la pausa y mantener en alto la voz.

Baje gradualmente la voz

1. Describa el día y hora aproximada en que el nivel de ruido del grupo era tal que no habría sido eficaz llamar tranquilamente su atención. _____

_____

2. Si alzó ligeramente la voz por encima del volumen del grupo y después la bajó, enliste aquí los resultados. _____

_____

_____

3. Recuerde otra ocasión en la que solicitar tranquilamente la atención del grupo no habría sido eficaz; anote día y hora. _____

_____

4. Describa los resultados de la técnica de levantar ligeramente la voz por encima del volumen del grupo y bajarla después en forma gradual, primero al nivel normal y luego a un nivel bajo.

_____

_____

5. Explique qué técnica armoniza más con su estilo y los resultados que obtuvo con ella. _____

_____

Levantar la mano o responder

> Desde tiempos inmemoriales nos han enseñado que una imagen vale más que mil palabras. ¡Los alumnos hacen lo que hacemos, no lo que les decimos!

Durante la porción de **enseñanza** de una lección, el educador decide si transmitir información a través de una exposición o de la interacción con el grupo. La interacción puede ocurrir de dos modos: que **hable** el primer alumno que crea saber la respuesta o que todos los alumnos que crean saberla **alcen la mano** para que el maestro les dé la palabra.

En suma, son tres las modalidades para la enseñanza o presentación de un tema:

- Sólo habla usted
- Los alumnos levantan la mano
- Habla el primer alumno que cree saber la respuesta

Cada una de estas modalidades posee funciones y características específicas.

Sólo habla usted

Esta modalidad le permite cubrir más ampliamente el tema y ejercer mayor control.

Habla el primer alumno que cree saber la respuesta

Este método genera entusiasmo, pero el nivel de energía de los estudiantes puede ser volátil y causar problemas de control.

Los alumnos levantan la mano

Esta modalidad representa un punto medio entre las otras dos: el control es mayor que cuando habla el primer alumno en saber la respuesta, pero menor que cuando sólo habla usted; el entusiasmo es mayor que cuando sólo habla usted, pero menor que cuando un alumno responde súbitamente. Sin embargo, posee la ventaja de permitirle supervisar la comprensión individual de los estudiantes. ¿Cómo? Cuando sólo habla usted, no puede saber si los alumnos lo comprenden. Cuando habla el primer alumno en saber la respuesta, tienden a predominar los estudiantes de mayor agilidad mental. Cuando los alumnos levantan la mano, en cambio, usted controla el período previo a la enunciación de la respuesta. Dado que el "lapso de espera" es mayor, más alumnos disponen del tiempo necesario para pensar y levantar la mano. Usted puede deducir entonces cuáles alumnos comprendieron probablemente lo que dijo.

Tres vías para el reforzamiento de estas modalidades

Existen tres vías para activar o fortalecer estas modalidades:

- Verbal: usted indica verbalmente qué modalidad aplicará.
- No verbal: usted indica con un gesto la modalidad por aplicar.
- Impulso: la ley de la inercia postula que un objeto en movimiento o en reposo tiende a permanecer en ese estado. En otras palabras, sigue su "impulso". En nuestro caso, una vez que una de las tres modalidades ha sido utilizada durante cierto tiempo (mediante una indicación verbal, no verbal o ambas), tenderá a permanecer incluso en ausencia de indicaciones verbales y no verbales.

He aquí un diagrama de las tres modalidades y niveles.

MODALIDADES:	Sólo habla usted	Los alumnos levantan la mano	Habla el primer alumno que cree saber la respuesta
NIVELES: Verbal:	"Escuchen." "¡Atención!"	"Alce la mano quien..."	"¿Quién puede decirme...?"
No verbal:	usted se señala a sí mismo, con la mano al frente en indicación de "alto".	usted pone el ejemplo levantando la mano.	usted hace un gesto que abarque al grupo y concluya en sí mismo.
Impulso:	(Ocurre una vez que aplica la misma modalidad durante varias veces consecutivas.)		

El método más eficaz

El *método más eficaz* para aplicar cualquier modalidad consiste en el empleo simultáneo del nivel verbal y un gesto. Cada vez que opte por una nueva modalidad, emita juntos los mensajes verbal y no verbal.

El mejor procedimiento

El *mejor procedimiento* es emplear inicialmente los niveles verbal y no verbal al mismo tiempo durante al menos dos veces consecutivas, y después eliminar el nivel verbal y conservar únicamente el no verbal. Esto rinde numerosos subproductos: el grupo guarda silencio, agudiza su capacidad visual y se mantiene atento a usted, mientras que usted reserva su voz para la exposición del tema o el reforzamiento positivo.

La técnica más adecuada

La *técnica más adecuada* consiste en pasar de los niveles verbal y no verbal (el método más eficaz) a únicamente el no verbal (el mejor procedimiento) y finalmente a la eliminación de éste para que el grupo mantenga el impulso y permanezca en la modalidad en operación.

Tenga cuidado cuando...

Tenga cuidado al *pasar* de la modalidad "Habla el primer alumno que cree saber la respuesta" a la de "Sólo habla usted" o "Los alumnos levantan la mano"; para hacerlo, baje la voz y congele el movimiento de su cuerpo. En otras palabras, no le será difícil ir de izquierda a derecha en el diagrama, pero deberá ser cuidadoso al seguir la dirección contraria.

Cómo evaluar

Emita durante dos días instrucciones verbales y gestos no verbales para indicar la aplicación de cada una de las tres modalidades. Si ya emplea con ese propósito expresiones verbales y mensajes no verbales específicos, identifíquelos. Enliste a continuación sus mensajes verbales y no verbales más frecuentes.

Sólo habla usted:_____

_____

Los alumnos levantan la mano:_____

_____

Habla el primer alumno que cree saber la respuesta:_____

_____ ☞

En la porción de **enseñanza** de una lección, usted tiende a usar más una modalidad que las otras dos. ¿Cuál es la modalidad que más usa? Para saberlo, lleve un conteo, o pida a alguien llevarlo por usted, del empleo de estas modalidades en intervalos de 1-3 minutos:

Fecha:_____ Hora inicial del conteo:___ Hora final del conteo:___

Duración de los intervalos:_____ minutos

Sólo habla usted	Los alumnos levantan la mano	Habla el primer alumno que cree saber la respuesta
_____	_____	_____
_____	_____	_____

¿Cuál de estas modalidades empleó con mayor frecuencia?_____
_____

¿Este patrón fue constante o se debió a circunstancias inusuales?
_____
_____
_____

Advierta si en realidad utiliza habitualmente un patrón o secuencia en particular. Quizá a veces tienda a hablar sólo usted en un principio y después pide a sus alumnos levantar la mano para comprobar que comprendieron y dar paso a la actividad de escritorio. Otras comenzará una lección pidiendo a los estudiantes que reflexionen y hagan comentarios sobre alguna experiencia específica, para enseñar "de lo conocido a lo desconocido". Su patrón o secuencia de modalidades podría depender del tema a tratar. En consecuencia, refiera un par de patrones e indique cuándo los emplea.

Una secuencia de modalidades y ocasiones en que la emplea:____
_____
_____
_____

Otra secuencia de modalidades y ocasiones en que la emplea:____
_____
_____

Estrategias

El método más eficaz

Emita durante uno o más días mensajes verbales y no verbales al iniciar cada modalidad. Fecha de aplicación:_____

Describa las diferencias de los resultados obtenidos en cada modalidad:

Sólo habla usted:_____

_____

Los alumnos levantan la mano:_____

_____

Habla el primer alumno que cree saber la respuesta:_____

_____

El mejor procedimiento

Durante uno o más días, inicie una modalidad con los mensajes verbal y no verbal. Tras proceder así una o dos veces, elimine el mensaje verbal y conserve únicamente el no verbal. Fecha de aplicación:_____

Describa durante cuánto tiempo tuvo que emplear juntos los mensajes verbal y no verbal antes de que le fuera posible eliminar el verbal y conservar únicamente el no verbal:

Sólo habla usted:_____

_____

Los alumnos levantan la mano:_____

_____

Habla el primer alumno que cree saber la respuesta:_____

_____

La técnica más adecuada

Durante uno o más días, emita juntos los mensajes verbal y no verbal, elimine después el verbal y finalmente elimine también el no verbal. Fecha de aplicación:_____. Describa durante cuánto tiempo tuvo que emplear únicamente el gesto no verbal antes de que le fuera posible eliminarlo sin que el grupo perdiera el impulso y se mantuviera en la misma modalidad:

Sólo habla usted:_____
_____

Los alumnos levantan la mano:_____
_____

Habla el primer alumno que cree saber la respuesta:_____
_____

Tenga cuidado cuando...

La secuencia más delicada para la mayoría de los educadores es la reducción progresiva de la participación de los estudiantes. La más volátil es el paso directo de "Habla el primer alumno que cree saber la respuesta" a "Sólo habla usted"; la progresión de "Habla el primer alumno que cree saber la respuesta" a "Los alumnos levantan la mano" y finalmente a "Sólo habla usted" es más sencilla. Al inducir el paso de mayor a menor participación de los alumnos, es recomendable que baje la voz y congele el movimiento de su cuerpo.

¿Cuál es la secuencia más volátil para usted? Practique estas sugerencias e indique la utilidad que le ofrecieron:

_____
_____
_____
_____
_____
_____
_____

Instrucciones de salida ✸

La información visual es potenciadora

Uno de los principales indicadores de que la sociedad actual transita del "poder" a la "influencia" es el creciente uso del término "potenciación". Cuando damos instrucciones en forma oral, inadvertidamente obligamos a los alumnos a depender de nosotros, porque sólo nosotros poseemos la información exacta. Por lo tanto, es preferible presentar visualmente la información. La información visual potencia a los individuos, porque les permite ser independientes de la fuente de la que procede. Antes de la imprenta, todos dependían de quienes poseían conocimientos. La publicación de libros confirió independencia a las personas. Hagamos lo mismo en beneficio de nuestros alumnos.

Ésta es la habilidad más importante de este libro. Todas las demás habilidades de las fases de **Transición** y **Actividad** de escritorio dependen de la presentación visual de las Instrucciones de salida.

Las lecciones de educación básica y media son impartidas por lo general con una disertación o exposición, instrucciones para la actividad de escritorio y la actividad en sí. Ocasionalmente en la educación media y frecuentemente en la media superior, la exposición ocupa todo el tiempo de la clase, que concluye con indicaciones de tareas opcionales u obligatorias. En los tres niveles de educación, las instrucciones ofrecidas al final de la exposición señalan la menor disponibilidad del maestro o maestra. Por eso las llamo *Instrucciones de salida*. Éstas constan de uno a tres componentes. En la educación básica, en que por lo común un solo maestro imparte varias materias, las *instrucciones de salida* podrían semejarse a las siguientes:

Resuelvan los problemas 1 a 10 de la página 65 del libro de matemáticas. Deberán enseñarme lo que hicieron hoy mismo. Después practiquen ortografía; deberán tener listo el capítulo 20 para el viernes. Si terminan, pueden hacer una lectura libre.

En el caso de la educación media, es frecuente que cada materia esté a cargo de un maestro distinto. En este nivel, un ejemplo de instrucciones de salida podría ser:

Resuelvan para mañana las preguntas 1 a 10 de la página 65; escriban sus respuestas con oraciones completas. Revisaré su tarea al principio de la clase de mañana. Recuerden que el viernes les aplicaré un examen parcial, el cual representará el 25 por ciento de su calificación final. Repasen en particular los conceptos de...

como ya saben se acerca el verano y, los seis o menos finales así que debemos repasar el capítulo cuatro al diecisiete del cuaderno de trabajo

Confusión

Los ejemplos anteriores indican la complejidad de las *instrucciones de salida*. La mayoría de los estudiantes comprenden claramente cada aspecto de las instrucciones. Lo que los agobia es la gran cantidad de información y, sobre todo, que el maestro imparta las instrucciones oralmente.

La prueba de cuán *confusa* puede ser la impartición oral de las *instrucciones de salida* es la frecuencia con que los estudiantes se acercan al maestro para indagar detalles específicos. Los alumnos, ofuscados, suelen decir entonces cosas como éstas: "¿Lo que usted quiso decir fue que...?", "En otras palabras, lo que debemos hacer es..." o "Quisiera saber si entendí bien: lo que tenemos que hacer es..."

En ocasiones la duda se refiere a un aspecto particular: "¿Qué debemos hacer al terminar...?"

A veces respondemos a estas preguntas casi a gritos, porque la información que el estudiante busca nos parece obvia, sobre todo si desde el inicio del año escolar hemos seguido las mismas rutinas. Alguien ha dicho que los maestros son trabajadores estacionales cuya principal herramienta física, y por lo tanto la primera en agotarse, es la lengua. La causa de nuestra frustración y la de nuestros alumnos es que es difícil recordar tanta información con el empleo de únicamente la habilidad de escuchar.

¿han hecho a tiempo todas sus lecturas? con las preguntas de repaso del libro verde amarillo y de las páginas 29 a la 44 ¡¡¡no!!! ¡¡¡braza!!! ¡un...

La solución es escribir las *instruc-ciones de salida* en el pizarrón a fin de que exista una representación visual estable de lo que dijimos. Las instrucciones de trabajo visuales dan mayor claridad al mensaje y duplican la duración de la memoria. Esto nos libera, desde luego, de la obligación de repetir como loros lo que dijimos, y nos permite asistir personalmente a los alumnos durante el segmento de **Actividad de escritorio** de la lección.

---

1. Anote una muestra representativa de sus instrucciones de salida. Indique qué hay que hacer, cómo hay que hacerlo, cuándo hay que entregarlo y dónde hay que integrar el trabajo terminado; y, sobre todo, qué harán los estudiantes cuando terminen.

   _____

   _____

   _____

   _____

Empleo de señales no verbales

2. La mejor manera de que sus alumnos distingan qué información, entre toda la vaciada en el pizarrón, corresponde a las instrucciones de salida es que usted sea sistemático en la ubicación de esa información y en el modo de presentarla (color de gis y tipo de letra utilizados). Algunos maestros de educación básica emplean diferentes colores para diferentes materias; el azul para matemáticas, por ejemplo. Un inteligente maestro de cuarto año de primaria adhiere una etiqueta en una de las manos de sus alumnos cinestésicos para que, al llegar a casa, recuerden sus tareas. El color de la etiqueta indica la materia; por ejemplo, el verde es para español. Describa los métodos no verbales que aplicará para que, al volver a la Tierra, incluso un estudiante ensoñador sepa qué información del pizarrón corresponde a las instrucciones de salida: _____

   _____

   _____

Elaboración de carteles

3. Los maestros no suelen disponer de tiempo para escribir toda la información detallada en el inciso 1 de la página anterior. Así pues, pueden elaborar un cartel con la información regular. A veces la misma información es usada de la misma manera muchas veces. Otras, conviene dejar en el cartel espacios en blanco para escribir información específica. A continuación repetimos el ejemplo de la página 29, seguido por su versión para carteles en los recuadros. Emplee un cartel para cada materia, de ser el caso.

Resuelvan los problemas 1 a 10 de la página 65 del libro de matemáticas. Deberán enseñarme lo que hicieron hoy mismo. Después practiquen ortografía; deberán tener listo el capítulo 20 para el viernes. Si terminan, pueden hacer una lectura libre.

Página de matemáticas:_____#:_____ Para:_____

Condiciones:_____

Capítulo de ortografía:_____ Para:_____

Condiciones:_____

Dé formato de cartel a sus instrucciones de trabajo del inciso 1 de la página anterior._____

_____

_____

_____

_____

_____

Los veinte segundos más importantes (VESMI)

Estudiantes auditivos

VESMI significa los veinte segundos más importantes de toda lección. El solo hecho de que el maestro o maestra se mantenga inmóvil durante los veinte segundos posteriores a la indicación al grupo de realizar la **Actividad de escritorio** inducirá a la mayoría de los alumnos a proceder a su labor en forma independiente.

Los VESMI rinden un subproducto interesante. En todo salón de clases hay de uno a cinco alumnos que suelen repetirnos las instrucciones de trabajo que les dimos. Son estudiantes auditivos. Su cerebro es comparable a una grabadora: tras escucharnos impartir instrucciones, desean grabar el mensaje con su propia voz, de manera que se acercan a nosotros para repetir lo que acabamos de decirles, lo que como instructores tiende a confundirnos.

Gracias a los VESMI, podemos hacer una indicación no verbal al estudiante auditivo que se acerca a nosotros para que vuelva a su asiento. Transcurridos los veinte segundos, podemos acercarnos a él. Para ese momento es muy probable que ya se las haya arreglado solo y no necesite de nosotros. En realidad le habremos ayudado a aprender a hablarse a sí mismo en vez de hacer la transcripción en voz alta. Esta habilidad le será muy útil con sus futuros compañeros de trabajo: los empleados calificados no respetan a la persona que, para poder pensar, debe aclarar las cosas en voz alta.

Cuando el maestro o maestra termina de impartir instrucciones y los alumnos están a punto de iniciar la actividad de escritorio, es conveniente que realice una transición de la ayuda grupal a la individual. Esta transición consiste en la combinación de *instrucciones de salida* visuales y muestra de la expectativa de que los alumnos se concentren. El ambiente de trabajo más productivo, ya sea que los alumnos trabajen individualmente o en equipos (a través del aprendizaje cooperativo, por ejemplo), es el ambiente visual, una atmósfera deliberada de trabajo, a menudo –aunque no necesariamente– silenciosa. He aquí algunas sugerencias para que usted ponga el ejemplo de este ambiente visual:

1. Lea las instrucciones de trabajo.
2. Pregunte a los alumnos si tienen dudas. Responda oralmente mientras escribe las respuestas o información adicionales en el pizarrón.
3. Indique a los estudiantes que inicien sus labores, con expresiones como "Ya pueden comenzar".
4. Los **veinte segundos más importantes** (VESMI): congele el movimiento de su cuerpo durante 20 segundos para mostrar a sus alumnos cuán silenciosos y concentrados desea que estén. Si alguno de ellos solicita ayuda levantando la mano o hablando, mantenga la vista en el grupo, permanezca inmóvil e indíquele con gestos manuales que estará con él en unos segundos. Algunos maestros de educación básica se colocan durante los VESMI en el centro de un aro. Los alumnos cinestésicos que buscan ayuda recuerdan con ese recurso físico que el maestro aún no está disponible.
5. Desplácese lentamente junto a cada alumno que necesita ayuda.

Uno de los principales subproductos de esta técnica es que los alumnos que suelen acercarse al maestro para pedirle repetir las instrucciones aprenderán a repetírselas internamente durante los veinte segundos. Esto ahorra tiempo al maestro y vuelve más independientes a los estudiantes. Ajuste la duración de este período al grado escolar de su grupo. Si éste es de 2° grado de primaria, este lapso podría durar sólo diez segundos.

Indicaciones: Registre los resultados de la aplicación de los incisos anteriores. Para cimentar este hábito tanto en usted mismo como en su grupo, practique exclusivamente esta técnica durante una semana. Transcurrido este período, la aplicará en forma automática. Encierre en un círculo el día en que practique cada paso de esta habilidad.

L M M J V   1. Lea las instrucciones de salida.

L M M J V   2. Pregunte si hay dudas y escriba sus respuestas mientras las dice.

L M M J V   3. Indique a los estudiantes que inicen sus labores diciendo _____

_____

L M M J V   4. Manténgase inmóvil y sea paciente durante los VESMI.

L M M J V   5. Desplácese lentamente junto a cada alumno que necesite ayuda.

Refiera sus resultados:_____

Distracción/Neutral/Concentración ✳

Gail y yo creemos que debimos dedicar este libro a nuestros perros, porque los fundamentos y eficacia de todas las habilidades de las estrategias no verbales para la enseñanza pueden ser útiles para adiestrar correctamente a un cachorro:

- uso sistemático de la comunicación no verbal
- eficacia de las pausas
- captar la atención antes de emitir un mensaje
- sorprender al aprendiz haciendo algo en forma correcta y reforzarlo

Distracción/Neutral/Concentración es un concepto específicamente diseñado para situaciones bipersonales. Tómese el tiempo que necesite para entrenarse. En cuanto domine esta habilidad, comprobará su eficacia con cada alumno.

El estudiante cinestésico se distrae fácilmente durante la actividad de escritorio y quizá precise de atención personal para concentrarse. Como resultado de ello, los maestros suelen creer que deben permanecer a su lado para que sea productivo. En toda aula hay por lo general de dos a seis estudiantes de este tipo. Hay días en los que el maestro tiene que correr literalmente de uno a otro de ellos para conseguir que trabajen. A primera vista, parecería que esta clase de alumnos sólo pueden estar o *concentrados* o *distraídos*, pero un análisis más minucioso revela la existencia de un estado mental intermedio, que nosotros llamamos *neutral*. Esto es importante, porque cuando el maestro se extiende como pulpo para que los alumnos distraídos se concentren, quizá lo único que logra es hacerlos pasar del estado de distracción al neutral. Esto es como las velocidades del automóvil: para poder pasar de un estado mental/velocidad a otro, debemos pasar necesariamente por el punto neutral.

A través del procedimiento de prueba y error, los maestros hemos descubierto que a menudo los alumnos cinestésicos no escuchan o no ven bien, de manera que es necesario tocarlos o, al menos, estar cerca de ellos para conseguir su atención. Pero cuando estos estudiantes llegan a 4° grado, suelen responder a la presencia del maestro con una sensación de culpa. Esto me recuerda una anécdota, cuyo protagonista era sin duda cinestésico. Una madre despertó repentinamente durante una noche tormentosa a causa de que una rama de uno de los árboles del jardín había roto, al caer, la ventana de las escaleras de la casa. Pensó de inmediato en la seguridad de su hijo, quien dormía en la planta superior. Así pues, gritó: "¡Elí!" El hijo respondió al instante: "¡No fui yo, mamá!"

¿Qué hacen los estudiantes "en riesgo" cuando el maestro se acerca a ellos? ¡Dejar de respirar! En este caso es frecuente este inadvertido escenario:

a. El alumno está distraído   = Distracción
b. El maestro se acerca
c. El estudiante deja de respirar   = Neutral
d. El maestro se aleja
e. El estudiante respira y vuelve a distraerse   = Distracción

1. Es recomendable que seleccione a dos alumnos para la realización de esta actividad y que se dedique exclusivamente a ellos durante al menos dos o tres semanas. Puesto que aprenderá una nueva habilidad, no elija a sus dos "alumnos más difíciles", sino a dos de los "menos difíciles", para que pueda perfeccionar su sentido de oportunidad. Después podrá aplicar estas técnicas a los alumnos que más se distraen o a los más difíciles.

Lo menos recomendable

2. Durante un período dado de actividad de escritorio, acérquese intencionalmente a los alumnos elegidos en forma precipitada y amenazadora. Advierta si dejan de respirar. Aléjese y observe si vuelven a distraerse. Describa lo ocurrido.

   Iniciales y reacciones del primer alumno con problemas para concentrarse: _____

   _____

   _____

   Iniciales y reacciones del segundo alumno con problemas para concentrarse:_____

   _____

   _____

Lo recomendable

3. Durante el mismo período de actividad de escritorio, acérquese lentamente a los estudiantes elegidos y permanezca a su lado hasta que vuelvan a respirar y se concentren en su labor. Después aléjese lentamente, por detrás de ellos para que no se den cuenta de su ausencia. Describa el ritmo de su aproximación, la duración de su estancia al lado de ellos, cómo advirtió que volvían a respirar y concentrarse, cuán lentamente se retiró y, desde luego, los resultados obtenidos._____

   _____

   _____

   _____

   _____

   _____

   _____

Acertijo de las ardillas

El café instantáneo fue finalmente utilizable en 1956, 22 años después de haber sido concebido. La fotografía fue concebida en 1782. ¿Cuánto tiempo transcurrió antes de que fuera posible utilizarla?

Método de influencia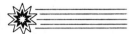

Método del poder

Método de influencia

Mi tío K. Nino asegura que hay dos maneras de enseñar a un cachorro a sentarse: empujarlo por el trasero hacia abajo y decirle: "¡Siéntate!" o salir con él a dar una vuelta y decirle cuando se canse y esté a punto de sentarse: "¡Siéntate!" **La diferencia entre el poder y la influencia es el momento.**

Es IMPERATIVO que haya concluido las actividades de la hoja de habilidades *Distracción/Neutral/Concentración* antes de iniciar esta sección. Las habilidades mencionadas en secciones anteriores se verán beneficiadas por la comprensión de la diferencia entre el método del poder y el método de influencia.

Método de PODER	Método de INFLUENCIA
1. El maestro se aproxima por el frente.	El maestro se aproxima por un lado.
2. Fija la vista en el rostro del alumno.	Fija la vista en el trabajo del alumno.
3. Deja de respirar.	Respira.
4. Se halla muy cerca del alumno.	No se halla cerca del alumno.
5. Espera hasta que éste adopta un estado neutral.	Espera hasta que éste se concentra.

[El número 5 es el tema de las páginas 27-29, sobre Distracción/Neutral/Concentración.]

A sabiendas de que no todo se reduce a las diferencias anteriores, podemos decir sin embargo que el PODER ES DIRECTO y la INFLUENCIA ES INDIRECTA.

Daría la impresión de que el maestro o maestra que recurre al poder se siente personalmente amenazado por el alumno o alumna, y procede por lo tanto a una intervención de "confrontación". El maestro o maestra que se sirve de la *influencia* distingue entre el alumno o alumna como persona y su conducta, y dirige la atención a la labor.

¿El método del poder da resultado? Lo da en muchos casos, pero un creciente número de alumnos carecen en su hogar de suficiente contacto humano con adultos. Sabemos que los estudiantes prefieren el contacto positivo, pero, de no conseguirlo, buscan cualquier clase de contacto, lo cual es mejor que nada. El deseo inconsciente de estos alumnos es causar problemas con objeto de establecer contacto con un adulto. Un poeta dijo: "Los niños consiguen siempre nuestra atención, pero el hecho de que ésta sea positiva o negativa depende de cuán pronto y a menudo se la concedamos." La técnica de la *influencia* persigue combatir el "síndrome del reforzamiento negativo". La desventaja del método del poder es que el maestro debe estar físicamente presente para que el alumno cumpla con su deber. El alumno carece de motivación propia.

¿Qué puede hacer usted para intensificar su influencia en un alumno concentrado? Al igual que en el caso del estudiante cinestésico, acérquese indirectamente a él. Cuanto menos cerca se encuentre del alumno sin por ello perder el control de la situación, más se convencerá el estudiante de que debe su concentración a su propio esfuerzo, no a la presencia de usted. Esto es verdadera INFLUENCIA.

Una vez que el alumno esté concentrado y haya respirado dos veces, acérquese a él.

Los pasos del *método de influencia* son:

1. Acérquese al estudiante sin mirarlo (a 45 grados de su rostro, por ejemplo) hasta que pase al menos de la distracción al estado neutral.
2. HAGA UNA PAUSA.
3. Mire el trabajo del alumno vecino mientras observa periféricamente al alumno de su interés. ¿Qué debe observar? Si pasa del estado neutral al de concentración. Aguarde a que respire, indicación de que ha pasado del estado neutral al de concentración. Si, en cambio, vuelve a distraerse, acérquese más de inmediato. Si el *método de influencia* no es suficiente para inducirlo a concentrarse, recurra provisionalmente a algunos elementos del método del poder. Por ejemplo, mírelo directamente a los ojos. Si no basta con ello, llámelo por su nombre.
4. En cuanto el alumno se haya concentrado y respirado dos veces, acérquese a su lado. Tiene muchas opciones en este momento: hablar o no, hacer contacto visual con el alumno o sólo mirar su trabajo, etcétera. Decida lo que considere mejor para evitar el "síndrome del reforzamiento negativo" y conseguir un "contacto positivo"; para transitar del poder a la *influencia*. Aplique este axioma al experimentar.

Sentido de la oportunidad

Seleccione a dos estudiantes para practicar esta habilidad. Recuerde elegir a dos alumnos "poco difíciles", no a los "más difíciles", de los que deberá ocuparse cuando haya perfeccionado su *sentido de oportunidad*.

Primer alumno

Iniciales del primer alumno:_____

1. Acérquese indirectamente a él. ¿A qué distancia estaba de él cuando pasó de la distracción a al menos el estado neutral?___
   _____

2. Describa qué le indicó que el alumno había pasado de la distracción al estado neutral (de ser posible, haga referencia a su respiración)._____
   _____
   _____

3. Usted esperó a que el estudiante respirara. Si éste volvió del estado neutral al de distracción, describa qué hizo usted._____
   _____
   _____

4. El alumno se concentró y respiró dos veces. Describa qué hizo usted para cumplir la meta del "contacto positivo"._____
   _____
   _____
   _____

Segundo alumno

Iniciales del segundo alumno:_____

1. Acérquese indirectamente a él. ¿A qué distancia estaba de él cuando pasó de la distracción a al menos el estado neutral?___
   _____

2. Describa qué le indicó que el alumno había pasado de la distracción al estado neutral (de ser posible, haga referencia a su respiración)._____
   _____
   _____

3. Usted esperó a que el estudiante respirara. Si éste volvió del estado neutral al de distracción, describa qué hizo usted._____

_____

_____

4. El alumno se concentró y respiró dos veces. Describa qué hizo usted para cumplir la meta del "contacto positivo"._____

_____

_____

_____

Capítulo dos

Captar la atención

*A quien examine detenidamente la vida en el salón de clases,
no dejará de sorprenderle la gran cantidad de tiempo
que los alumnos pierden en esperar.*

Charles E. Silberman

Captar la concentración de un grupo de estudiantes es como dirigir la partida de un barco: el viaje será tanto más placentero cuanto mejor sea la adecuación al flujo y reflujo de las olas. Los minutos –en realidad los segundos– iniciales de una clase son decisivos para el establecimiento de nuestro nivel de organización y expectativas. Todos los días deseamos sentar un precedente al inicio de una lección. Las dos habilidades más eficaces para atraer desde el principio la atención de los alumnos son *Congelar el movimiento de su cuerpo* y *LEVANTE LA VOZ* (*haga una pausa*) *baje la voz.* Es de suponer que usted ya domina estas habilidades, por haberlas practicado en el capítulo 1. Las hojas de habilidades de este capítulo referidas a continuación serán de utilidad para los educadores de todos los grados escolares:

- Cómo refinar la habilidad "Congelar el movimiento de su cuerpo"
- Oraciones incompletas
- Luz amarilla

Las habilidades más importantes de este capítulo son las relativas a las técnicas de control de la tensión: *Descontaminación del salón de clases* y *Cambie de posición y respire.* Los alumnos son más resistentes que el maestro o maestra. Por lo tanto, debemos prestar mayor atención al bienestar emocional del maestro, porque, asegurado éste, estará asegurado también el de los estudiantes. La clave de control más efectiva para éstos y más sana para los maestros es "no inmiscuir nuestros sentimientos en nuestros actos de control", axioma que debemos memorizar y al cual hemos de ajustar nuestros actos. ¡Usted es un actor! Si domina sus sentimientos, podrá manifestar una amplia variedad de emociones: molestia/decepción/disgusto/enojo. Usted debe hacer lo que sus alumnos necesitan que haga, no lo que sus sentimientos le dicten.

Esta habilidad le permitirá olvidar un incidente de tensión inmediatamente después de concluido y recuperar las auténticas cualidades de su profesión: dar, impartir, etcétera. Cultive ese "personaje de control" como diferente a su yo real, el de maestro o maestra. Pero no exagere: no cace ardillas con armas para elefantes. Al sobredramatizar, a la larga nos saboteamos a nosotros mismos: en el futuro tendremos que aumentar crecientemente la intensidad para obtener los mismos resultados, como nos ocurre con los bichos que sobreviven al ataque del insecticida,. Hágase un favor cinestésico y coloque un cartel en la pared que diga "C y R" (como recordatorio de *Cambie de posición* y *respire*).

El apartado "Cuando no hay tiempo" de la sección "Instrucciones visuales iniciales" es esencial para los días difíciles. Nos serena, lo mismo que a nuestros alumnos. Si usted es maestro de educación media superior, trata con adolescentes o enseña a adultos, las habilidades relacionadas con **Captar la atención** y **Enseñanza** le serán especialmente útiles.

Recodatorio sobre el género

También en este capítulo he intentado, en la medida de lo posible, emplear los términos "maestro o maestra" y "alumno o alumna".

Cómo refinar la habilidad
"Congelar el movimiento de su cuerpo"

Debemos reconocer que, algunos maestros tienen pies demasiado eficaces.

Como mencioné en la sección "Congelar el movimiento de su cuerpo", hay otras habilidades no verbales para comunicar el mensaje de ALTO:

> **Técnicas complementarias**
>
> • Colocarse al frente del salón
> • Dirigir al frente las puntas de los pies
> • Apoyarse firmemente en ambos pies
> • Dar instrucciones breves

En este capítulo explicaré concisamente cada una de estas técnicas no verbales y le indicaré cómo determinar la más pertinente para usted.

Los maestros solemos realizar nuestras exposiciones al frente del salón. Así, los alumnos están acostumbrados a prestarnos atención cuando ocupamos ese sitio; su atención es menor cuando recorremos el aula para asistirlos durante la actividad de escritorio.

Congruencia

Una persona muestra congruencia cuando dirige al frente las puntas de los pies y se apoya firmemente en ambos. La congruencia transmite el mensaje de "¡Espero toda su atención!", de modo que la probabilidad de atención aumenta enormemente. Las maestras en particular deben evitar la tendencia a dirigir uno de sus pies hacia un lado (usualmente hacia aquel del que proceden) al portar falda o vestido. Una vez conseguida la atención del grupo, pueden adoptar las maneras que deseen.

Si usted emite una oración tan larga como "Dejen de hacer lo que están haciendo y presten atención", su voz se confundirá con el ruido colectivo del aula, a diferencia de una breve llamada de atención. Un comentario conciso rinde un positivo subproducto adicional: usted no gasta oxígeno, de modo que le será más fácil pasar del papel de "agente de tránsito" al de instructor capaz de atraer la atención.

---

1. Determine con cuál de las técnicas no verbales mencionadas ("lugar", "puntas de los pies", "peso" y "duración") desea experimentar (elija las cuatro si lo desea). La técnica o técnicas seleccionadas son:_____

   _____

   _____

   Éstas son habilidades complementarias de la de Congelar el movimiento de su cuerpo. Manténgase inmóvil mientras las practica, a fin de aislar la variable y determinar el impacto de cada una de éstas.

Lo menos recomendable

2. Durante dos días, practique las habilidades complementarias que seleccionó en el inciso 1 en forma contraria a la recomendable. Por ejemplo: no se coloque al frente del salón, dirija a un lado las puntas de los pies, apóyese más en una pierna que en otra (llevando una mano a la cadera) y utilice una expresión larga para atraer la atención. Describa el efecto sobre la atención del grupo.

   _____

   _____

   _____

Lo recomendable

3. Durante otros dos días emplee en la forma recomendable las habilidades no verbales complementarias que seleccionó en el inciso 1:

- Colocarse al frente del salón
- Dirigir al frente las puntas de los pies
- Apoyarse firmemente en ambos pies
- Dar instrucciones breves

   Describa la diferencia entre lo ocurrido en estos dos días y en los dos anteriores. Puesto que su inmovilidad es la habilidad no verbal más poderosa, quizá perciba escaso efecto en las habilidades complementarias._____

_____

_____

_____

Acertijo de las ardillas

La fotografía fue finalmente utilizable en 1838, 56 años después de haber sido concebida. El reloj de pulsera de cuerda fue concebido en 1923. ¿Cuánto tiempo transcurrió antes de que fuera posible utilizarlo?

Instrucciones visuales iniciales

El profesor de matemáticas Harry Wong, recientemente galardonado como "Mejor maestro del año" en Estados Unidos, asegura que existe una correlación directa entre la hora de inicio de la clase y el tiempo que es preciso invertir para entrar en materia. Cuanto más tiempo transcurra desde el inicio formal de la clase sin que el maestro reaccione, más inquietos estarán los alumnos.

La investigación aplicada demuestra que los maestros que utilizan recursos pedagógicos visuales cubren más temas y, estadísticamente, cuentan con grupos más manejables. La enseñanza visual es producto de la exhibición de instrucciones durante tres de las fases de una lección:

Captar la atención
Enseñanza
Transición a la actividad de escritorio (Instrucciones de salida)

En esta sección nos ocuparemos de la primera fase. Si, al llegar los estudiantes al aula, en el pizarrón aparecen ya las instrucciones de lo que deben hacer, sabrán de inmediato cómo actuar. Esta técnica es importante por implicar un mensaje no verbal, lo que produce un aula más silenciosa, estudiantes con mayor autoestima y maestros con mayor energía.

Las **instrucciones visuales** persiguen varios propósitos. Uno de ellos es la realización de una actividad de calentamiento académico con fines de repaso, como la resolución de un problema de matemáticas, la transcripción de un nuevo término y su definición o el planteamiento de una pregunta incidental de interés. Esta actividad debe estar al alcance de la capacidad de los alumnos, a fin de que puedan ejecutarla sin depender del maestro, pues de lo contrario sería una actividad de "enseñanza", no de "calentamiento para la enseñanza".

Otro propósito es facilitar la transición a la primera actividad formal de la clase, con una instrucción como ésta: "Saquen su lápiz y su cuaderno y abran el libro de historia en la página 127."

Ciertas transiciones son de uso frecuente. Por lo tanto, es recomendable escribirlas en carteles, con espacios en blanco para las variables (como el número de la página). El maestro puede recurrir al cartel una y otra vez sin perder tiempo en prepararlo.

La meta es lograr, a través de las instrucciones visuales, que los alumnos se desplacen al estado mental adecuado. ¿Cómo lo consigue usted? ¿Oculta las instrucciones bajo un mapa plegable o las mantiene en un proyector apagado para exhibirlas tras saludar a sus alumnos? ¿Las exhibe desde un principio para que éstos las vean al entrar al salón, a la puerta del cual los recibe? ¿Espera a sus alumnos junto a instrucciones escritas en el pizarrón para imponer atención desde el saludo inicial?

Puesto que nuestro argumento es que su comunicación no verbal es el factor más poderoso en el salón de clases, es esencial que usted ponga el ejemplo de dirigir la atención al pizarrón. Para comprobarlo, haga lo opuesto: anote las instrucciones en el pizarrón y, al llegar sus alumnos, muévase y diga cosas que no vienen al caso.

Si el procedimiento correcto anterior ya es para usted una rutina establecida, quiere decir que ya domina esta habilidad. Pero en los días en que necesita un recurso adicional para que sus alumnos transiten a la actitud académica apropiada (el día de la clase de pintura, la semana anterior a las vacaciones de invierno, etcétera), no olvide dar ejemplo de atención.

Lo recomendable

1. Indique una actividad de calentamiento que le gustaría anotar en el pizarrón al inicio de la clase._____
   _____
   _____
   _____

2. Explique por qué considera que esa actividad está al alcance de la capacidad de sus alumnos y en qué forma éstos podrán trabajar sin depender de usted._____
   _____
   _____

3. Las instrucciones visuales iniciales también preparan a los estudiantes al aprendizaje académico. Escriba una instrucción inicial para disponer a sus alumnos a la enseñanza._____
   _____
   _____

4. Dado que su comunicación no verbal es el factor más poderoso en el salón de clases, es esencial que usted dé ejemplo de atención. Describa una modalidad no verbal para recibir a sus alumnos y dirigirlos hacia las instrucciones no verbales._____
   _____
   _____

☞

Lo menos recomendable

5. Si, al llegar sus alumnos al aula, usted se halla en movimiento y hace comentarios fuera de lugar, generará un ambiente impropio. Describa cuáles podrían ser esos movimientos y comentarios fuera de lugar._____

_____

_____

6. Describa la reacción del grupo a sus movimientos y comentarios fuera de lugar._____

_____

_____

_____

Cuando no hay tiempo

En la sección anterior referí un escenario ideal, en el que usted dispone de tiempo para preparar con anticipación las instrucciones visuales; pero no siempre será así. En ocasiones tendrá que actuar precipitadamente justo en un momento en que el grupo precisa de un agradable inicio de la clase, como en la semana anterior a las vacaciones de invierno. ¿Qué hacer en tales circunstancias? Tiene tres opciones. Si después de atraer la atención del grupo usted se vuelve para escribir en el pizarrón, la atención se evaporará mientras escribe y da la espalda a aquél. Si atrae su atención y emite oralmente las instrucciones de transición, sus alumnos difícilmente comprenderán lo que deben hacer, porque las instrucciones orales generan confusión. Así pues, le sugiero escribir primero las instrucciones en el pizarrón y atraer después la atención del grupo mediante el ejemplo de concentración en el pizarrón y ejecución de las instrucciones. No caiga en la tentación de imponer orden en primer término; si espera a estar preparado para proceder, captará mayor atención a la labor. No olvide que éste es un procedimiento de emergencia.

Muéstrese intencionalmente inquieto al llegar los estudiantes al aula.

1. ¿Qué hace para mostrarse inquieto?_____

2. Intente tranquilizarlos; describa su propia tensión:_____
_____

Lo recomendable

3. Por el contrario, acérquese al pizarrón y escriba las instrucciones (los carteles son ideales para este momento). Las instrucciones son:_____
_____
_____

4. ¿Cómo obtiene la atención de sus alumnos? Recuerde inmovilizar los pies y hacer una pausa luego de atraer verbalmente su atención. (Vea "Detalles adicionales de la habilidad 'Congelar el movimiento de su cuerpo'" para mayor información.)_____
_____
_____

5. Describa los resultados de este método en comparación con su rutina normal._____
_____
_____

Oraciones incompletas

silencio

escucha

> Ya hemos comprobado la eficacia de la habilidad *LEVANTE LA VOZ* (*haga una pausa*) *baje la voz* para efectos de **control** en el contexto de los binoculares pedagógicos, pues una vez conseguida la atención del grupo podemos proceder a exponer el **contenido de la lección**. Las *oraciones incompletas* son una variante de la técnica *LEVANTE LA VOZ*, aunque en este caso tratamos de oraciones referidas al contenido, no al control. Durante la pausa subsecuente, el grupo guarda silencio. Finalmente, nosotros repetimos y concluimos la oración en voz baja.

Aunque es común que los aspirantes a maestro reciban la recomendación de captar la atención de sus alumnos antes de iniciar la clase, sabemos que si empleamos nuestra voz para exponer una lección y empleamos señales no verbales para efectos de control, los estudiantes se adentrarán más rápidamente en la lección y recordarán que ésta atañe al contenido. Así pues, ¿cómo atraer no verbalmente la atención antes de emprender la exposición de una lección?

Alumnos inquietos

Si el contenido de la lección es interesante, podemos iniciarla sin más: los alumnos seguramente responderán. Pero si sospechamos que la lección no es del todo interesante, conviene que empleemos *oraciones incompletas*. Los alumnos que no nos miran dejarán de moverse y prestarán atención al escuchar la abrupta interrupción de la oración inicial; así, este procedimiento permite una ágil transición a la atención. Ejemplos de oraciones incompletas son: "COMO PODEMOS VER...", "SI ANALIZAMOS...", "NOTEMOS CÓMO..." En cuanto los alumnos distraídos reparen en usted, repita esa parte, complete la oración y continúe. Siguiendo los pasos de la habilidad *LEVANTE LA VOZ* (*haga una pausa*) *baje la voz*, diga la oración incompleta por encima del volumen colectivo y complétela después en voz baja. Las *oraciones incompletas* son muy eficaces para atraer la atención de los alumnos "inquietos", quienes suelen mostrarse renuentes a concentrarse.

Útiles en cualquier momento, las *oraciones incompletas* son ideales en los días del hemisferio derecho del cerebro (el día de la clase de pintura, la semana previa a las vacaciones de invierno, etcétera), durante los cuales el maestro o maestra debe reducir la autoridad e incrementar la afinidad. Practique la determinación del momento más oportuno para aplicar esta técnica antes de que se presenten los días del hemisferio derecho.

- ¿Hoy es un día del hemisferio izquierdo del cerebro y usted desea practicar la aplicación de esta habilidad?_____

  De ser así, ¿qué hace que éste sea un día del hemisferio izquierdo?_____

- ¿Hoy es un día del hemisferio derecho del cerebro y usted está empleando esta habilidad?_____

  De ser así, ¿qué hace que éste sea un día del hemisferio derecho?_____

  Enliste dos de sus oraciones incompletas preferidas.

  _____
  _____

Ritmo y volumen

Congele el movimiento de su cuerpo mientras emite la parte inicial de la oración en un volumen más alto de lo normal y concluya con una interrupción abrupta. Siga sin moverse durante la P A U S A. Repita la oración introductoria y complete la oración en voz baja.

Primer ejemplo

1. Fecha y hora de aplicación de la oración incompleta:_____
   _____

2. Anote la oración incompleta:_____

3. Describa el volumen de su voz durante la emisión de la oración
   incompleta y cuán inmóvil se mantuvo al emitirla y durante la
   breve pausa posterior._____
   _____

4. Describa sus movimientos y respiración luego de haber emitido
   la oración incompleta._____
   _____

5. Describa cuán baja y lenta fue su voz al completar la oración.
   _____
   _____

6. Describa el efecto sobre la atención del grupo, especialmente de
   los alumnos inquietos._____
   _____
   _____

Segundo ejemplo

1. Fecha y hora de aplicación de la oración incompleta:_____
   _____

2. Anote la oración incompleta:_____

3. Describa el volumen de su voz durante la emisión de la oración
   incompleta y cuán inmóvil se mantuvo al emitirla y durante la
   breve pausa posterior._____
   _____
   _____

☞

4. Describa sus movimientos y respiración luego de haber emitido la oración incompleta._____

_____

_____

5. Describa cuán baja y lenta fue su voz al completar la oración.

_____

_____

6. Describa el efecto sobre la atención del grupo, especialmente de los alumnos inquietos._____

_____

_____

Adelanto indiscreto

Cuando haya practicado la habilidad Cambie de posición y respire, podrá añadirla a su práctica de oraciones incompletas.

- Congele el movimiento de su cuerpo durante la emisión de la oración inicial y la P A U S A.
- Cuando los alumnos se tranquilicen y lo miren en silencio, dé un paso al frente, cambie de posición y respire.
- Restablézcase físicamente (mediante un segundo respiro, por ejemplo) y diga la oración completa en voz baja.

Comentarios positivos

"Me encanta la manera en que Aarón, Ana y Miguel cuelgan sus abrigos y sus gorros."

A los alumnos de 3° y 4° grados les satisface enormemente que su maestro o maestra les diga que hacen muy bien las cosas. Por lo tanto, el momento más indicado para hacer *comentarios positivos* es la transición, porque sus destinatarios se convierten en ejemplos a seguir para quienes no actúan en forma adecuada. Por ejemplo, después de decir: "Saquen una pluma y un lápiz", usted podría agregar: "¡Muy bien, Juan! Todos los alumnos de la fila cuatro ya están listos."

Después del 4° grado, los *comentarios positivos* deben ser sutiles, y a veces encubiertos, a causa de la reserva de los alumnos para con sus compañeros adolescentes. El maestro sólo podrá decir: "¡Muy bien tal y tal...!" si tanto él como los estudiantes elogiados mantienen buenas relaciones con el grupo. De no ser así, sería preferible un elogio colectivo, no en referencia a un individuo o subgrupo reducido. Únicamente los profesores con una profunda relación de afinidad con sus alumnos pueden permitirse vulnerables comentarios positivos de transición como "Te felicito por haberte preparado tan pronto para la lección".

1. Refiera el grado escolar de su grupo:_____

2. Dé cuatro ejemplos de comentarios positivos que ya emplea durante el periodo de transición:_____

_____

3. ¿De qué otras maneras podría enriquecer, mejorar o usar el concepto de comentarios positivos durante el periodo de transición?

_____

_____

4. Al final de una semana de incremento de comentarios positivos, ¿qué reacciones advirtió en el grupo?_____

_____

Descontaminación del salón de clases

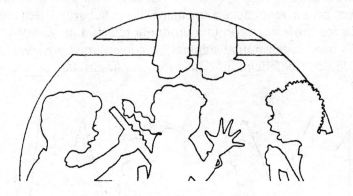

Si intentamos poner orden pero el grupo está incontrolable,

Asociamos lugares con recuerdos. A todos nos ha ocurrido alguna vez que, sentados en la sala y habiendo decidido hacer algo, nos ponemos de pie para ir a hacerlo, pero en el camino nos distraemos y lo olvidamos. Como nos es imposible recordarlo, debemos volver al sillón de la sala donde estábamos para recuperar la memoria.

debemos ir a nuestro sitio de "disciplinamiento del grupo".

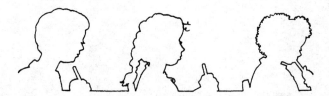

Una vez conseguida la atención, volvemos a nuestro lugar habitual de enseñanza, en el cual nos comportamos como maestros afables.

Todo maestro o maestra realiza innumerables actividades al día. Si **destina** sistemáticamente un lugar específico a **una actividad** particular (como el disciplinamiento del grupo), sus alumnos relacionarán **ese lugar** con tal actividad. El establecimiento por el educador de esa relación entre cierta actividad y cierta área del salón induce en los estudiantes una respuesta más rápida y adecuada, puesto que saben qué esperar. Además de ser aplicable a lugares, esta relación también lo es a toda la comunicación no verbal. Por ejemplo, si el maestro enciende sistemáticamente el proyector cuando desea que el grupo tome apuntes, éste procederá a ello con sólo escuchar el interruptor y el ventilador y ver iluminarse la pantalla.

Disciplinamiento del grupo

Identifique sus actividades de una semana para seleccionar las que desea relacionar con un lugar, expresión facial, tipo de voz, postura física u objeto dados. Tales actividades pueden ser pasar lista, procesamiento abstracto, comentarios del grupo, círculo de escucha, orientación individual o disciplinamiento del grupo, pues el concepto de descontaminación armoniza con todas las fases de una lección. Lo hemos insertado aquí porque la actividad a la que es absolutamente indispensable destinar un lugar específico es el "disciplinamiento del grupo", particular medio de atraer atención.

Incluya entre las tres o cuatro actividades que desea sistematizar la de "disciplinamiento del grupo", por ser la actividad en la que consume más energía. El eficaz disciplinamiento del grupo permite disponer a éste al aprendizaje, pero demanda de usted el control de sus sentimientos. Destinar cierto lugar del aula a exclusivamente el "disciplinamiento del grupo" le ayudará a procurar esa disociación.

Disociación

En mi libro *Righting the Educational Conveyor Belt* (Metamorphous Press, 1989) expliqué detalladamente el concepto de disociación. Aquí basta decir que "no debemos inmiscuir nuestros sentimientos en un acto de disciplina". Esto nos permite actuar como el grupo lo necesita, y seleccionar por lo tanto el estilo de represión más adecuado.

1. Enliste tres o cuatro actividades que desee sistematizar. Ya hemos incluido "disciplinamiento del grupo": Disciplinamiento del rupo, _____

   _____ y _____

2. Indique dónde realizará cada una de esas actividades y qué tipo de voz, expresión facial y postura física empleará en cada caso.

A. Actividad: Disciplinamiento del grupo

Lugar:_____

Voz:_____

Expresión facial:_____

Postura física:_____

B. Actividad:

Lugar:_____

Voz:_____

Expresión facial:_____

Postura física:_____

C. Actividad:

Lugar:_____

Voz:_____

Expresión facial:_____

Postura física:_____

Practique este uso sistemático de señales no verbales durante al menos dos semanas, a fin de que deje de ser una novedad para usted y el grupo.* El mejor momento para iniciar un proceso como éste es luego de una pausa natural del año escolar (las vacaciones de primavera, por ejemplo). Reflexione en las diferencias entre este nuevo sistema y sus anteriores procedimientos.

Acertijo de las ardillas

El reloj de pulsera de cuerda fue utilizable en 1939, 16 años después de haber sido concebido. El papel celofán fue concebido en 1900. ¿Cuánto tiempo transcurrió antes que de fuera posible utilizarlo?

---

* A causa de las complejidades del empleo de lugar, voz, expresión facial y postura física en el trabajo con grupos, he dedicado otro libro a la dinámica grupal: *Advanced ENVoY: Classroom Dynamics*.

Cambie de posición y respire

Lo menos recomendable
RESPIRACIÓN SUPERFICIAL
O AGITADA

Lo recomendable
RESPIRACIÓN PROFUNDA

Investigación médica

La investigación médica ha confirmado la correlación entre respiración y liberación de sustancias químicas en el cuerpo.

- Cuando respiramos superficial o agitadamente (como al levantar la voz), liberamos sustancias químicas que nos inducen a acciones enérgicas.
- Quienes escuchan una voz alta, ya sea que se estén comportando bien o no, también liberan sustancias químicas generadoras de tensión.
- Si después de decir algo en voz alta realizamos una profunda respiración abdominal, producimos sustancias químicas que nos inducen a tranquilizarnos.
- Al permitirnos esa pausa para respirar profundamente, quienes nos escuchan harán lo propio.

Si de pronto notamos que nuestra respiración es agitada o superficial, podemos convertirla en profunda si realizamos un movimiento físico.

Cada estado mental se apoya en y está representado por un estado físico equivalente. La relación entre mente y cuerpo es tan estrecha que un cambio en uno de ellos se refleja en el otro.

Para abandonar un estado mental inapropiado, nada es más útil que efectuar un cambio en nuestro cuerpo. Si desea contribuir enormemente a un cambio en su estado emocional y mental, mueva el cuerpo (*cambie de posición*) mientras **respira**. Esto lo alejará de su estado anterior. Cuanto más pronto advierta que se halla en un estado inadecuado, más fácil le será abandonarlo, desde luego. Por ello, la técnica *Cambie de posición* y *respire* es ideal al concluir el disciplinamiento del grupo (vea "Descontaminación del salón de clases"), pues permitirá tanto a usted como a sus alumnos volver al contenido de la lección y olvidar el incidente de disciplinamiento recién ocurrido. Esta técnica también es útil cuando debe levantar la voz para atraer la atención del grupo (vea "*LEVANTE LA VOZ* [*haga una pausa*] *baje la voz*"). En uno u otro caso, este procedimiento crea una distinción tajante entre nuestro personaje estricto y nuestro personaje como maestros afables y cariñosos.

A causa de que *Cambie de posición* y *respire* es la técnica de control de la tensión más importante de las estrategias no verbales para la enseñanza, aguarde a llenar este formulario en las siguientes ocasiones:

- Disciplinamiento del grupo (*Descontaminación del salón de clases*)
- Disciplinamiento individual
- *LEVANTE LA VOZ* (*haga una pausa*) *baje la voz*
- Una *oración incompleta* en un día de hemisferio derecho del cerebro
- Una situación de emergencia en la que deba gritar

Disciplinamiento del grupo

1. Describa una situación en la que haya sido adecuado proceder al disciplinamiento del grupo:_____
   _____

2. Describa cómo llevó a cabo la técnica *Cambie de posición y respire*:_____
   _____

3. Describa los resultados benéficos tanto para usted como para las demás personas involucradas:_____
_____
_____

Disciplinamiento individual

A veces ocurre que, mientras atendemos al estudiante X, el alumno Y, ubicado en el extremo contrario del salón, se distrae de su labor, momento en que debemos emplear un mensaje verbal mínimo en beneficio de la autoestima de Y y de la concentración de los demás estudiantes (vea "Preservación del ambiente productivo: Mini Vesmi"). Si, tras elevar la voz para reprender verbalmente a Y, aún nos sentimos exaltados al volver a X, éste podría recibir indebidamente los residuos emocionales de nuestra exaltación. Para evitarlo, al terminar con Y debemos erguirnos (y dar medio paso a un lado) para respirar profundamente. Si el estado emocional que deseamos abandonar es muy intenso, debemos respirar profundamente dos veces.

1. Describa una situación en la que haya hecho disciplinamiento individual:_____
_____

2. Describa cómo llevó a cabo la técnica *Cambie de posición* y *respire*:_____
_____

3. Describa los resultados benéficos tanto para usted como para las demás personas involucradas:_____
_____

LEVANTE LA VOZ (haga una pausa) baje la voz

A veces el volumen colectivo es muy elevado y debemos *gritar* "¡Silencio!"

1. Describa una situación en la que haya gritado "¡Silencio!" para atraer la atención del grupo:_____

   _____

2. Describa cómo llevó a cabo la técnica Cambie de posición y espire:_____

   _____

3. Describa los resultados benéficos tanto para usted como para las demás personas involucradas:_____

   _____

   _____

   _____

Oración incompleta

Como en los ejemplos anteriores, hay ocasiones en las que un método amable para atraer la atención del grupo no es suficiente. A veces debemos acompañar la abrupta interrupción de una oración con una áspera expresión facial y una respiración agitada.

1. Describa una situación en la que haya hecho una muy abrupta oración incompleta:_____

   _____

2. Describa cómo llevó a cabo la técnica Cambie de posición y espire:_____

   _____

3. Describa los resultados benéficos tanto para usted como para las demás personas involucradas:_____

   _____

   _____

   _____

Grito de emergencia

Una situación de emergencia, como el hecho de que una caja de libros esté a punto de caer sobre varios alumnos, nos impele a gritar "¡Cuidado!", caso en que lo mismo ellos que nosotros debemos recuperarnos tras la liberación de adrenalina.

1. Describa una situación de emergencia en la que haya alzado la voz: _____

   _____

2. Describa cómo llevó a cabo la técnica *Cambie de posición* y *respire*:_____

   _____

3. Describa los resultados benéficos tanto para usted como para las demás personas involucradas:_____

   _____

   _____

   _____

Luz amarilla

Aprendizaje cooperativo

La metodología pedagógica moderna es mucho más interactiva que la de fines de la década de 1970. Sin embargo, la frecuente solicitud a los estudiantes de dirigir su atención al maestro mientras realizan trabajo en equipo o de escritorio estorba su concentración. El aprendizaje cooperativo es magnífico para la **enseñanza**, pero dado que implica de tres a cinco veces más cambios en el foco de atención, debemos ser muy precisos en nuestras habilidades de **manejo del salón de clases**.

La necesidad de atraer la atención del grupo es incesante, pues lo mismo se presenta al inicio de la clase que durante la ejecución de una actividad estructurada. En este último caso, es una muestra de respeto para nuestros alumnos indicarles que se acerca el momento en que deberán volver a dirigir su atención a nosotros, a fin de que se preparen, sobre todo cuando trabajan en equipos. Piense en lo que ocurriría si los semáforos sólo contaran con luz roja y verde; de ahí que esta técnica para la emisión de una oportuna señal de advertencia se llame **luz amarilla**.

Lo menos recomendable

Haga un cambio brusco a la instrucción directa durante una sesión de trabajo en la que sus alumnos no dependan de usted.

1. ¿Cuál era la lección?_____
   _____

2. ¿En qué consistía el trabajo independiente?_____
   _____

3. ¿Qué procedimiento utilizó para dirigir bruscamente la atención a usted?_____
   _____

Durante la misma sesión, emita una luz amarilla como "Dos minutos" o "Sólo un minuto". Controle el volumen de su voz; la luz amarilla no debe distraer a los alumnos de su actividad. De ser necesario, repita el mensaje remarcando las últimas palabras con voz lenta y suave.

Lo recomendable

4. ¿Cuál fue su mensaje?_____
   _____

5. Describa el volumen y ritmo de su voz:_____
   _____

6. Describa las diferencias entre los incisos 1-3 y 4-5:_____

_____

_____

Otra ocasión idónea para el empleo de la técnica de la luz amarilla es el paso de la interacción con los alumnos a la exclusiva intervención del profesor en una lección. La expresión más común con ese fin es: "Ya sólo voy a darles la palabra a Janet y Francisco." Es conveniente hacer este tipo de anuncios con una voz distinta a la que usamos normalmente durante nuestras exposiciones. Debemos usarla entonces como las comas de una oración, o el paréntesis que encierra a ésta.

7. ¿Cuál fue su mensaje?_____

_____

_____

8. Describa el volumen de su voz:_____

_____

_____

9. ¿En qué medida el cumplimiento de los incisos 7 y 8 facilitó al grupo la transición de la actividad interactiva a la dirección de la atención a usted?_____

_____

_____

_____

Acertijo de las ardillas

El papel celofán fue finalmente utilizable en 1912, 12 años después de haber sido concebido. La energía nuclear fue concebida en 1919. ¿Cuánto tiempo transcurrió antes de que fuera posible utilizarla?

Capítulo tres

Enseñanza

Enseñar es el arte de lo fugitivamente obvio.

Observar a un maestro de maestros durante la fase de **Enseñanza** de una lección es como contemplar al director de una orquesta sinfónica: gracias a numerosos ensayos, es capaz de extraer lo mejor de los estudiantes. Los aspirantes a maestros saben que presencian un acto prodigioso, pero ignoran por qué lo es. Lo es sencillamente porque el gran maestro ejerce un control preventivo, lo que le permite dedicar la clase al aprendizaje, no al control. La meta de las estrategias no verbales para la enseñanza es hacer explícitas las habilidades necesarias para ello.

La **Enseñanza** es una fase tan orientada al grupo que el tiempo destinado a controlar a un individuo disonante debe descontarse del tiempo destinado al grupo. Las siguientes habilidades están diseñadas para ser utilizadas con el grupo en general:

Habilidades relacionadas con el grupo

- Detalles adicionales de la habilidad "Levantar la mano o responder".
- Empalme.
- El lado opuesto del salón.
- Diga los verbos al final.

Las siguientes habilidades están especialmente diseñadas para asistir a los individuos:

Habilidades individuales

- Incremento de señales no verbales
- Aproximación verbal a alumnos inaccesibles

El curso de capacitación para el dominio del método llamado TESA –siglas de *Teacher Expectations and Student Achievement* (Expectativas del maestro y logros de los estudiantes)– consiste en ofrecer retroalimentación sobre los reconocimientos no verbales que los maestros dirigimos a nuestros alumnos. Este método ilustra el hecho de que involuntariamente tendemos a favorecer a ciertos estudiantes.

Dinámica grupal

Si usted es maestro de educación media superior, trata con adolescentes o enseña a adultos, las habilidades relacionadas con **Captar la atención** y **Enseñanza** le serán especialmente útiles. La naturaleza gregaria de esos sectores obliga al instructor a conocer y utilizar conceptos de dinámica de grupos. Dadas las complejidades de este tema, dediqué un libro completo a la dinámica de grupos en el contexto pedagógico: *Advanced ENVoY: Classroom Dynamics.*

Recordatorio sobre el género

También en este capítulo he intentado, en la medida de lo posible, emplear los términos "maestro o maestra" y "alumno o alumna".

Cómo refinar la habilidad "Levantar la mano o responder"

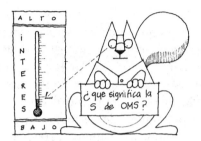

Primero el contenido

Primero la modalidad

Los maestros seguimos tradicionalmente el axioma de realizar una pregunta de **contenido** antes de indicar al grupo si deberá recitar en conjunto la respuesta o *levantar la mano* o si pediremos responder a un alumno específico. En esta sección examinaremos si el interés de los estudiantes en la pregunta de contenido no es acaso una mejor forma de determinar la conveniencia o no de formular primero la pregunta de contenido.

En *Levantar la mano o responder* utilizamos las tres modalidades de la exposición o disertación: "Sólo habla usted", "Los alumnos levantan la mano" y "Habla el primer alumno que cree saber la respuesta". En esta sección analizaremos la conveniencia de anunciar "Levanten la mano" o "Conteste el primero que sepa la respuesta" antes o después de formular la pregunta de contenido.

Primero el contenido

En las clases tradicionales de metodología pedagógica nos recomiendan plantear primero la pregunta de **contenido** y después pedir a un alumno contestarla (el proceso en segundo término). Con este método conseguimos ciertamente que todos los alumnos se mantengan alertas, puesto que ignoran en qué momento les pediremos responder. Esta norma es muy eficaz para maestros con amplias habilidades de manejo del salón de clases. En esencia, el procedimiento consiste en formular la pregunta de contenido antes de indicar si la modalidad de respuesta será levantar la mano, que conteste el primer alumno que sepa la respuesta o que responda un alumno específico.

Primero la modalidad

En ocasiones, sin embargo, enunciar la pregunta de contenido antes de definir la modalidad de la respuesta causa contestaciones desordenadas y estridentes. Asimismo, no nos permite comprobar el grado de comprensión de los alumnos silenciosos y reservados. En este caso, así, es preferible anunciar la **modalidad** (levantar la mano o que responda un alumno específico, por ejemplo) antes de formular la pregunta de contenido. ¿Cómo saber qué enunciar primero? ¿Podemos seguir siempre la misma secuencia? ¡No: a veces da resultado, pero otras no! Si, por ejemplo, el grupo está muy inquieto y preguntamos: "José, ¿cuál es la respuesta de la pregunta número 3?", indicaremos la modalidad antes de que el grupo sepa cuál es la pregunta, y el resultado será el adecuado encauzamiento de su energía. Sin embargo, si el grupo está aletargado e hiciéramos esa misma pregunta, contribuiremos inadvertidamente a la apatía general. Por lo tanto, debemos seguir esta flexible fórmula:

Fórmula flexible

- Si el interés en el contenido es alto, indique la modalidad de la respuesta antes de formular la pregunta de contenido.
- Si el interés en el contenido es bajo, indique la modalidad de la respuesta después de formular la pregunta de contenido.

Las modalidades pueden ser ordenadas en secuencia. Por ejemplo, podemos indicar a los alumnos levantar la mano y, una vez que la mayoría de ellos lo haya hecho, optar por la modalidad de que todos digan la respuesta al unísono o la digan al compañero vecino.

Lo recomendable

Alto interés en el contenido

Registre los resultados de la aplicación de la fórmula en tres situaciones en las que el interés en el contenido haya sido alto y usted haya indicado la modalidad de respuesta antes de plantear la pregunta de contenido.

1. **Primera situación:** Fecha:_____ Hora:_____

   ¿Cómo supo que el interés en el contenido sería alto?_____
   _____

   Encierre en un círculo la modalidad que eligió: levantar la mano, que responda un alumno específico, que conteste el primer alumno en saber la respuesta, levantar la mano y después decir todos la respuesta al unísono o_____

   Describa los resultados:_____
   _____

2. **Segunda situación:** Fecha:_____ Hora:_____

   ¿Cómo supo que el interés en el contenido sería alto?_____
   _____

   Encierre en un círculo la modalidad que eligió: levantar la mano, que responda un alumno específico, que conteste el primer alumno en saber la respuesta, levantar la mano y después decir todos la respuesta al unísono o_____

   Describa los resultados:_____
   _____
   _____

3. **Tercera situación:** Fecha:_____ Hora:_____

   ¿Cómo supo que el interés en el contenido sería alto?_____
   _____

   ☞

Encierre en un círculo la modalidad que eligió: levantar la mano, que responda un alumno específico, que conteste el primer alumno en saber la respuesta, levantar la mano y después decir todos la respuesta al unísono o_____

Describa los resultados:_____

_____

_____

Bajo interés en el contenido

Registre los resultados de la aplicación de la fórmula en tres situaciones en las que el interés en el contenido haya sido bajo y usted haya planteado primero la pregunta de contenido.

1. **Primera situación:** Fecha:_____ Hora:_____

   ¿Cómo supo que el interés en el contenido sería bajo?_____

   _____

   Después de haber formulado la pregunta de contenido, ¿cuánto tiempo transcurrió antes de que indicara la modalidad de respuesta?_____

   Encierre en un círculo la modalidad que eligió: levantar la mano, que responda un alumno específico, que conteste el primer alumno en saber la respuesta, levantar la mano y después decir todos la respuesta al unísono o_____

   Describa los resultados:_____

2. **Segunda situación:** Fecha:_____ Hora:_____

   ¿Cómo supo que el interés en el contenido sería bajo?_____

   _____

   Después de haber formulado la pregunta de contenido, ¿cuánto tiempo transcurrió antes de que indicara la modalidad de respuesta? _____

Encierre en un círculo la modalidad que eligió: levantar la mano, que responda un alumno específico, que conteste el primer alumno en saber la respuesta, levantar la mano y después decir todos la respuesta al unísono o_____

Describa los resultados:_____

3. **Tercera situación:** Fecha:_____ Hora:_____

¿Cómo supo que el interés en el contenido sería bajo?_____

_____

Después de haber formulado la pregunta de contenido, ¿cuánto tiempo transcurrió antes de que indicara la modalidad de respuesta?_____

Encierre en un círculo la modalidad que eligió: levantar la mano, que responda un alumno específico, que conteste el primer alumno en saber la respuesta, levantar la mano y después decir todos la respuesta al unísono o_____

Describa los resultados:_____

_____

Prueba de la fórmula

Después de haber aplicado durante una semana la fórmula

- alto interés = primero la modalidad de respuesta
- bajo interés = primero la pregunta de contenido

Proceda del modo contrario para probar la validez de esta recomendación.

Lo menos recomendable

Alto interés en el contenido

Durante varios días formule primero la pregunta de contenido cuando estime que el interés en ella será alto. Registre los resultados de tres ejecuciones de esta actividad.

1. **Primera situación:** Fecha:_____ Hora:_____

   ¿Cómo supo que el interés en el contenido sería alto?_____
   _____

   Describa lo ocurrido:_____
   _____

2. **Segunda situación:** Fecha:_____ Hora:_____

   ¿Cómo supo que el interés en el contenido sería alto?_____
   _____

   Describa lo ocurrido:_____
   _____

3. **Tercera situación:** Fecha:_____ Hora:_____

   ¿Cómo supo que el interés en el contenido sería alto?_____
   _____

   Describa lo ocurrido:_____
   _____

Bajo interés en el contenido

Cuando estime que el interés en el contenido será bajo, indique primero la modalidad de respuesta.

1. **Primera situación:** Fecha:_____ Hora:_____

   ¿Cómo supo que el interés en el contenido sería bajo?_____
   _____

☞

Encierre en un círculo la modalidad que eligió: levantar la mano, que responda un alumno específico, que conteste el primer alumno en saber la respuesta, levantar la mano y después decir todos la respuesta al unísono o_____

Describa lo ocurrido:_____

2. **Segunda situación:** Fecha:_____ Hora:_____

¿Cómo supo que el interés en el contenido sería bajo?_____
_____

Encierre en un círculo la modalidad que eligió: levantar la mano, que responda un alumno específico, que conteste el primer alumno en saber la respuesta, levantar la mano y después decir todos la respuesta al unísono o_____

Describa lo ocurrido:_____

3. **Tercera situación:** Fecha:_____ Hora:_____

¿Cómo supo que el interés en el contenido sería bajo?_____
_____

Encierre en un círculo la modalidad que eligió: levantar la mano, que responda un alumno específico, que conteste el primer alumno en saber la respuesta, levantar la mano y después decir todos la respuesta al unísono o_____

Describa lo ocurrido:_____

¿Qué conclusiones puede extraer de la aplicación de la fórmula "alto interés = primero la modalidad" y "bajo interés = primero la respuesta de contenido" en comparación con los resultados de la aplicación del método menos recomendable?_____
_____
_____
_____

Incremento de señales no verbales

Remodelación del hogar

En una tienda de artículos de ferretería, Gail envió a su hijo, Kelly, a otro pasillo a buscar tornillos para cableado eléctrico. Mientras se retiraba, Enrique se volvió y preguntó:

—¿De qué tamaño?

—¡Una docena de cabeza amarilla!

Más tarde, en el automóvil, Kelly preguntó:

—¿Cómo sabías que *amarillo* era el tamaño correcto?

—No siempre tienes que saber el tamaño correcto –contestó Gail–; basta con saber el color de los tornillos que ya has utilizado. Desde un anillo en el cuarto dedo de la mano izquierda hasta las tres luces de colores de los semáforos, el mundo está hecho de colores, tamaños y formas no verbales.

En la ilustración inferior aparece el ejemplo de una maestra que utiliza la *señal auditiva no verbal* de dar un par de golpecillos en el pizarrón.

El uso sistemático de señales no verbales **visuales**, **auditivas** y **cinestésicas** es la base de la comunicación eficaz en el salón de clases.

Uno de los principales beneficios de que seamos sistemáticos en el empleo de **señales no verbales** es que podemos cubrir más aspectos de un tema en una atmósfera de beneficio mutuo. ¿Cómo? Por el hecho de emplear señales no verbales para efectos de control, usted puede destinar su voz exclusivamente a la "exposición de la lección". Por ejemplo, podría apagar y encender la luz, y su grupo reaccionará si sabe que usted suele hacerlo para solicitar atención.

Señales no verbales para efectos académicos

Sabemos que el uso de señales no verbales para efectos de control es eficaz y deseable, pero este libro propone usarlas también para efectos académicos. El argumento es que, en la exposición académica, las señales no verbales (un gesto manual, por ejemplo, para hacer referencia al número superior en una fracción) se convierten en técnicas de control preventivo. ¿Por qué? Porque obligan al grupo a mirar al maestro. Esto resulta en un salón más silencioso y en la posibilidad de emplear mayor número de señales no verbales, gracias a que los estudiantes observan al maestro. Por ejemplo, si éste ha escrito en el pizarrón $\times \frac{27}{13}$ y pregunta: "¿Cuánto es 13 por 27?", un alumno podría seguir la lección sin mirarlo, porque ha recurrido a una señal auditiva. Si, en cambio, el maestro es menos específico y pregunta: "¿Cuánto es 13 por este otro número?" al tiempo que señala el 27, el grupo tendrá que prestar atención visual a lo que aquél hace en el pizarrón.

Señales no verbales sistemáticas

Llene este formulario en una de sus lecciones. Le será más fácil recordar las señales no verbales que utilizó si lo llena inmediatamente después de concluir la lección.

Enliste en la columna izquierda todas las señales no verbales académicas y de control (especialmente estas últimas) que haya emitido durante 10 minutos de la porción de **Enseñanza** de la lección. En la derecha, describa el uso y significado de sus señales.

Señales no verbales		Uso/significado
a. _____	=	_____
_____	=	_____
b. _____	=	_____
_____	=	_____
c. _____	=	_____
_____	=	_____
d. _____	=	_____
_____	=	_____
e. _____	=	_____
_____	=	_____
f. _____	=	_____
_____	=	_____
g. _____	=	_____
_____	=	_____

Nuestra meta es usar señales no verbales para el **control** y el nivel verbal para el **contenido**. Enliste ocasiones en las que haya empleado una señal verbal cuando habría sido más eficaz usar una señal no verbal al mismo tiempo o sola. Por ejemplo, un maestro se da cuenta de que, al encender el proyector, los alumnos empuñan la pluma para tomar apuntes de información visual, pero que, tras copiar ésta, dejan la pluma o juegan con ella. Al reflexionar en esta observación, concluye que sería más eficaz apagar el proyector cuando los estudiantes han terminado de copiar la información, con objeto de preservar la relación entre "proyector encendido" y "prestar atención".

Sistematización

Señales no verbales   Uso/significado

a. _____ = _____

   _____ = _____

b. _____ = _____

   _____ = _____

c. _____ = _____

   _____ = _____

d. _____ = _____

   _____ = _____

Mencione las ideas obtenidas en esta actividad.

_____

_____

_____

_____

_____

Empalme

PREPARACIÓN DEL GRUPO...

TIEMPO EFECTIVO DE ENSEÑANZA

LA INVESTIGACIÓN NO PINTA UN CUADRO MUY BELLO

Transición

La investigación realizada no pinta un cuadro muy bello de nuestra eficiencia para hacer transiciones. A veces parecería que la locomotora de la enseñanza dedica más tiempo a conseguir que los pasajeros se dispongan a viajar que a llevarlos a su destino. Durante la transición debemos elevar la precisión de nuestras **habilidades de control** para poder volver al motivo para que hayamos elegido nuestra profesión: **enseñar** conocimientos, **impartir** habilidades y **facilitar** la autoestima.

En un período de 45 minutos, habrá momentos en que el maestro o maestra precise de la atención del grupo, y otros en los que los alumnos trabajen en forma independiente, tras de lo cual el maestro podría requerir de nuevo su atención. Lo que sucede es básicamente la ocurrencia de la actividad A, después una transición a la actividad B y después una transición a la actividad C. El número de actividades determina el número de veces en que es necesario recurrir a **Captar la atención**. Pero, ¿cuál es la desventaja de esta forma tradicional de transición?

Ahorro de tiempo

Al concluir la actividad A, los estudiantes provocan desorden en el salón (al retirar sus libros, por ejemplo). El maestro o maestra procede entonces a **Captar la atención** y anuncia la actividad B. Para ahorrar tiempo, sin embargo, podría aplicar la técnica de *empalme* y anunciar la actividad B antes de que termine la actividad A. Por ejemplo, organiza la recitación por el grupo de las respuestas a las cinco preguntas al final de un capítulo, después de lo cual los alumnos retirarán sus libros y tomarán otros para iniciar la actividad B. La técnica de *empalme* consiste en que al concluir la respuesta a la pregunta número 4, el maestro anuncie: "Antes de responder la pregunta número 5, saquen…" Es decir, anuncie y muestre en el pizarrón las instrucciones de la actividad B. Así, los alumnos extraerán en ese momento los materiales que necesitan para la actividad B, leerán y contestarán la pregunta número 5 y pasarán automáticamente a la actividad B sin perder tiempo.

Grupo cinestésico

Desde luego que es importante considerar la capacidad de concentración del grupo y si es útil una pausa/receso entre las actividades A y B. Cuanto mayor sea el porcentaje de alumnos cinestésicos en el grupo, más necesario será ofrecer a éste una oportunidad de esparcimiento para que pueda seguir tranquilamente sentado más tarde.

Practique la técnica de transición de *empalme* al menos una vez al día durante tres y describa lo ocurrido. Mencione si exhibió visualmente algunas o todas las instrucciones y si convendría vaciar algunas en carteles a causa de su frecuente uso.

1. Fecha:_____

_____

_____

_____

2. Fecha:_____

_____

_____

_____

3. Fecha:_____

_____

_____

_____

4. Resuma las ideas y reacciones derivadas de esta actividad.

_____

_____

_____

_____

_____

_____

Acertijo de las ardillas

La energía nuclear fue finalmente utilizable en 1965, 46 años después de haber sido concebida. El champú líquido fue concebido en 1950. ¿Cuánto tiempo transcurrió antes de que fuera posible utilizarlo?

El lado opuesto del salón

Victoria pírrica

A fines de la década de 1960 tuve el honor de ser alumno del psicólogo y educador estadounidense Carl Rogers, quien comprendía perfectamente las relaciones de afinidad, concepto que contribuyó a definir. Su nombre es sinónimo de comunicación no verbal de empatía al escuchar, mediante

- la inclinación hacia la persona que habla,
- movimientos afirmativos con la cabeza
- emisión de sonidos cuando la persona que habla dice cosas muy importantes.

Estas habilidades dan por resultado una cálida atmósfera de cooperación.

Educados en estas técnicas bipersonales, a menudo nos contentamos con la victoria pírrica de la relación de afinidad con un alumno mientras perdemos la del grupo. Así, necesitamos técnicas que fomenten la relación con el grupo sin sacrificar la cercanía individual. El *lado opuesto del salón* es una técnica de ese tipo.

Lo ideal es que una lección y, sobre todo, nuestra manera de exponerla sean tan interesantes que mantengamos en todo momento la más viva curiosidad de los alumnos. Ésta es la máxima expresión del control preventivo. Pero, ¡ay!, no vivimos en un "paraíso pedagógico". Por lo tanto, empleemos el nivel verbal para exponer el contenido, y nuestras habilidades no verbales para el manejo del salón. Dado que nuestra presencia física influye en los alumnos cinestésicos, recorrer el aula mientras impartimos una lección, especialmente para acercarnos a los alumnos cinestésicos, es control preventivo. Esta técnica de dinámica de grupos sería fácil de aplicar si no fuera por nuestra tendencia a las relaciones individuales, por efecto de la cual dirigimos nuestra atención a quien hace una pregunta o a quien se la hacemos.

Acercarnos desde el frente del salón al alumno al que planteamos una pregunta o a aquel que la formula es el estilo tradicional de relación en el aula.

Sin embargo, manejaremos más eficazmente al grupo entero si interpelamos a ese estudiante a la distancia. Tras ubicar, sin mirarlo, al alumno a quien formulará una pregunta, diríjase al lado opuesto del salón. Una vez ahí, vuélvase hacia él, mírelo y enuncie la pregunta. Dirigirá a él la vista, pero estará cerca de otros alumnos. Su voz y presencia física mantendrán atentos a éstos, y su mirada a los demás.

Lo menos recomendable

Aplique durante dos días el estilo tradicional de relación en el aula. Acérquese desde el frente del salón al estudiante a quien haya formulado una pregunta o la haya hecho a usted. Describa sus observaciones:_____

_____

_____

Lo recomendable

Aplique durante dos días la técnica de control preventivo *El lado opuesto del salón*. Compare este procedimiento con el anterior en lo referente al grado de atención de los alumnos:_____

_____

_____

Aproximación verbal
a alumnos inaccesibles

Dueños tanto de perros como de gatos, Gail y yo estamos convencidos de que Dios nos dio a los primeros para sentirnos triunfadores como comunicadores no verbales, y a los segundos para recobrar la humildad.

No siempre es posible acceder a estudiantes en riesgo: ellos no nos lo permitirán.

Dejemos un rastro que incite su interés, a fin de que sean ellos quienes se acerquen a nosotros.

A cierto porcentaje de estudiantes no les deslumbra la brillante trayectoria o autoridad del maestro o maestra. Aunque cada escuela es distinta, del 5 al 15 por ciento de la población escolar es **inaccesible**. Las escuelas urbanas registran el porcentaje más alto, pero esta población aumenta rápidamente. Suelen ser inaccesibles los alumnos inclinados al hemisferio derecho del cerebro, en quienes los usuales sistemas disciplinarios ejercen escasa influencia. No obstante, es posible acceder a ellos mediante relaciones de afinidad. En una lección, por ejemplo, podríamos incluir un tema de sumo interés para ellos, gracias a lo cual prestarán mayor atención.

Primer alumno

1. Iniciales del primer alumno:_____

2. Describa brevemente la conducta que indica que es inaccesible.
   _____
   _____
   _____
   _____

3. Interactúe con él en un momento ajeno a su posición de autoridad como maestro (durante la transición, en eventos escolares, en los pasillos). Indague dos o tres temas de su interés. Enlístelos aquí:
   - _____
   - _____
   - _____

4. Introduzca en una lección o en la asistencia individual a los estudiantes los temas de interés para este alumno, con objeto de retener su atención. Enliste dos ejemplos de cómo lo hizo:
   - _____
   - _____

5. Describa el incremento en el grado de atención del alumno:
   _____
   _____
   _____

Segundo estudiante

1. Iniciales del segundo estudiante:_____

2. Describa brevemente la conducta que indica que es inaccesible.

   _____
   _____
   _____
   _____

3. Interactúe con él en un momento ajeno a su posición de autoridad como maestro (durante la transición, en eventos escolares, en los pasillos). Indague dos o tres temas de su interés. Enlístelos aquí:

   • _____
   • _____
   • _____

4. Introduzca en una lección o en la asistencia individual a los estudiantes los temas de interés para este alumno, con objeto de retener su atención. Enliste dos ejemplos de cómo lo hizo:

   • _____
   • _____

5. Describa el incremento en el grado de atención del alumno:

   _____
   _____
   _____

Adolescentes y adultos

Si usted es maestra o maestro de educación básica, mire al alumno o alumna a cuyos temas de interés se refiera. Pero si enseña a adolescentes o adultos, no lo haga. ¿Por qué? Porque uno de los rasgos distintivos del estudiante inclinado al hemisferio derecho es su "selectividad", lo que significa que se reserva el derecho a elegir sus relaciones con los demás, especialmente con figuras de autoridad; no le gusta que otros decidan entablar relaciones con él. Así, si usted lo mira al tocar un tema de su interés, él deducirá la intención, y podría adoptar las siguientes reacciones: "Déjeme en paz", "No me gusta que me manipulen", "Olvídese de controlarme", "Este salón es mío".

Intriga

Cuando, al tocar un tema de interés para tal alumno, advierta que éste lo mira, aléjese parcialmente de él. Por el hecho de que no lo haya mirado directamente, él no sabrá si aludió a ese tema, sabiendo que le interesaría o si fue porque le interesa a usted. Eso le intrigará... y le agrada sentirse intrigado. Le seguirá a usted con los ojos conforme se aleja de él. Es él quien le elige a usted, quien lo selecciona.

Adolescentes y adultos

1. Iniciales o descripción de la **primera persona** inclinada al hemisferio derecho:_____

2. Enliste dos o tres temas de interés para esta persona:_____
   _____
   _____

3. Incluya en su exposición un tema de interés para ella al notar que está distraída. Cuando advierta que lo mira, aléjese. Describa lo que usted dijo e hizo:_____
   _____
   _____
   _____

4. Describa el cambio en el grado de atención de este alumno:
   _____
   _____
   _____

1. Iniciales o descripción de la **segunda persona** inclinada al hemisferio derecho:_____

2. Enliste dos o tres temas de interés para esta persona:_____
   _____
   _____

3. Incluya en su exposición un tema de interés para ella al notar que está distraída. Cuando advierta que lo mira, aléjese. Describa lo que usted dijo e hizo:_____
   _____
   _____

4. Describa el cambio en el grado de atención de este alumno:
   _____
   _____
   _____

Determinación del momento oportuno

Cuanto más distraída sea una persona, más tenderá a ensoñar. Cuanto más tiempo se mantenga en cierto estado físico, más se sumergirá en su estado mental. Todo estado mental se apoya en y está representado por un estado físico. Así, tan pronto como advierta que el alumno inaccesible comienza a distraerse, haga referencia a un tema de su interés, comentario al que muy probablemente prestará atención.

Probemos este axioma haciendo lo contrario y después lo recomendable. Si no le es posible ejecutar los incisos 3-6 durante una misma lección, realice los incisos 3 y 5 en una y los incisos 4 y 6 en otra. Concluida la actividad, compare los resultados de los incisos 3 y 4 con los de los incisos 5 y 6. En *El poder de influencia* (capítulo 5) explicaré la "pausa de vacío", durante la cual la mención de temas de interés para un alumno es particularmente eficaz.

1. Iniciales o descripción de un alumno inclinado al hemisferio derecho: _____

2. Enliste temas de interés para esta persona:_____

Lo menos recomendable

3. Si durante una lección advierte que este alumno se distrae, espere a que su distracción sea absoluta para introducir un tema de su interés. Describa el volumen de su voz y los cambios ocurridos en el grado de atención del alumno:_____

4. Repita, preferiblemente durante la misma lección. Describa el volumen de su voz y los cambios ocurridos en el grado de atención del alumno:_____

Lo recomendable

5. Introduzca el tema de interés justo cuando el alumno comience a distraerse, de preferencia en la misma lección del inciso 3. Mantenga el mismo volumen de voz que en el inciso 3, para permitir una comparación más precisa entre ése y éste. Describa el volumen de su voz y el grado en que el alumno prestó atención: _____

6. Repita, preferiblemente durante la misma lección del inciso 4. Mantenga el mismo volumen de voz que en el inciso 4. Reflexione sobre la relación entre el volumen de su voz y el grado en que el alumno prestó atención.

Diga los verbos al final

En el ejército dicen: "Siga primero la última orden." En la escuela, en cambio, basta con que los estudiantes escuchen un verbo como "Tomen...", "Abran...", "Ahora vamos a hacer...", para

- activar su cuerpo
- dejar de escuchar

¡Digamos los verbos hasta el final!

Cuando los alumnos lo oyen decir verbos como "Tomen…", "Abran…", "Hagan…", etcétera, activan su cuerpo, y al entrar en movimiento dejan de escuchar. Al decir usted: "Saquen su libro y ábranlo en la página 43", la palabra "Saquen…" los inducirá de inmediato a comenzar a sacar sus libros. Algunos de ellos no escucharán incluso el número de la página, de modo que usted deberá repetirlo. Inadvertidamente, ha provocado la segmentación del salón: usted mismo, los alumnos que ya abrieron su libro en la página 43 y los que están perdidos. Así, la lección transcurrirá fuera de sincronía. Puede hacer varias cosas para evitar esto:

- Siempre que sea posible, diga los verbos al final. Por ejemplo: "En la página 43 del libro de ciencias que van a sacar…"
- Si lo anterior no es posible, mantenga quietos a los estudiantes mientras habla. Emplee un gesto no verbal, como la mano al frente en posición de "alto", mientras dice: "En unos minutos deberán sacar su libro de ciencias y abrirlo en la página 43." Mantenga el gesto no verbal hasta que termine de hablar.
- El modo más eficaz de comunicar instrucciones es exhibir visualmente los detalles, en el pizarrón o en un proyector, "pág. 43", mientras dice "En la página 43…" Siga en particular este método en días del hemisferio derecho del cerebro.

Lo menos recomendable

Diseñe para dos días instrucciones que incluyan verbos. Pruebe el axioma haciendo lo contrario de lo que establece. De esta manera podrá comparar la ubicación tradicional de los verbos al inicio de las instrucciones y el método sugerido de colocarlos al final, usar gestos no verbales para inmovilizar al grupo o ambas cosas.

1. Enliste los verbos que empleó al inicio de las instrucciones:

   _____

   _____

2. Refiera las instrucciones posteriores a los verbos:_____

   _____

3. Indique qué porcentaje del grupo respondió adecuadamente. Señale qué estudiantes específicos no respondieron adecuadamente:

   _____

   _____

4. Comente cuán fuera de sincronía transcurrió este segmento de la lección:_____

   _____

Lo recomendable

Adopte ahora el método recomendado, ya sea que diga los verbos al final, emplee un gesto no verbal para mantener quietos a los alumnos mientras da las instrucciones o ambas cosas.

1. Enliste los verbos que empleó:_____

2. Aparte de los verbos, ¿en qué consistieron las instrucciones?

   _____

   _____

3. Explique dónde ubicó los verbos. Si empleó un gesto no verbal, ¿cuál fue? ¿Lo mantuvo hasta concluir las instrucciones?

   _____

   _____

4. Indique qué porcentaje del grupo respondió adecuadamente. Señale qué estudiantes específicos no respondieron adecuadamente:

   _____

   _____

☞

5. Reflexione acerca de si este segmento de la lección pareció estar más en sincronía gracias al método recomendado.

Repita el método recomendado.

1. Enliste los verbos que empleó:_____

_____

2. Aparte de los verbos, ¿en qué consistieron las instrucciones?

_____

_____

_____

3. Explique dónde ubicó los verbos. Si empleó un gesto no verbal, ¿cuál fue? ¿Lo mantuvo hasta concluir las instrucciones?

_____

4. Indique qué porcentaje del grupo respondió adecuadamente. Señale qué estudiantes específicos no respondieron adecuadamente:

_____

_____

5. Comente si la aplicación del método recomendado dio mayor sincronía a la lección y a la dinámica grupal:_____

_____

¿Qué diferencias percibió en la respuesta de sus alumnos entre el método menos recomendable y el recomendable? Si aplicó este último en un día de hemisferio derecho, ¿usó el pizarrón o el proyector para presentar los detalles de las instrucciones? De ser así, ¿cómo reaccionaron sus alumnos al hecho de que haya dicho los verbos al final?

Capítulo cuatro

Transición a la actividad de escritorio

Si no sabes a qué puerto te diriges,
ningún viento te será favorable.

Séneca

El capítulo siguiente tratará del **Actividad de escritorio**, la eficiencia en el cual es la ilusión de todo maestro o maestra. La totalidad de nuestro manejo del salón de clases persigue la meta de asistir después a cada alumno. Es sabido que, en las empresas, los gerentes dedican 80% de su tiempo a 20% de sus empleados. De igual forma, durante la actividad de escritorio los maestros tendemos a dedicar siempre de 60 a 80% de nuestro tiempo a los mismos 4 a 6 alumnos.

Productividad

¿Por qué menciono aquí asuntos referidos a la actividad de escritorio? Porque la productividad de éste es subproducto de la manera en que tendamos las velas al abandonar el puerto de la enseñanza en dirección a ese punto. Este capítulo es, entre todos los de este libro, el que contiene menos habilidades, y el de la actividad de escritorio el que contiene más. Pero no se deje llevar por el número, pues para poder emplear las técnicas no verbales propias de la actividad de escritorio es preciso que durante la transición a él emita claras y concisas instrucciones visuales. Éstas han de ser visuales para que en la **Actividad de escritorio** la conducción verbal del grupo sea mínima. Por lo tanto, su motivación para un ambiente adecuado en la actividad de escritorio debe incluir el dominio de estas habilidades de **Transición**: *Instrucciones de salida* y *Los veinte segundos más importantes*.

Relaciones

Puesto que uno de los principales propósitos de las estrategias no verbales para la enseñanza es abandonar el poder de controlar en favor del control por medio de la influencia, la infaltable presentación visual de las instrucciones contribuye a la preservación de buenas relaciones entre el maestro y los alumnos necesitados de control.

¿Cómo? Cuando un maestro recuerda oralmente a un alumno lo que debería estar haciendo, éste asocia en forma inconsciente a aquél con los sentimientos resultantes de la reprimenda. Cuando, en cambio, el maestro atrae la atención del alumno y lo conduce por medios no verbales a la observación y ejecución de las instrucciones exhibidas en el pizarrón, este último sustituye al maestro como sede del mando. En el primer escenario sólo intervienen dos partes: maestro y alumno, situación denominada "negociación". En el segundo intervienen tres: pizarrón, alumno y maestro, de modo que lo que ocurre es una "mediación". Gracias a ello, el alumno puede ver en el maestro a un facilitador. Y si de cualquier manera lo sigue considerando el "malo", al menos el pizarrón asume parte de la culpa. Así pues, haga siempre todo lo posible por respresentar visualmente las instrucciones.

Aspectos en común

Dado el inevitable empalme entre las habilidades de las fases **Transición a la actividad de escritorio** y **Actividad de escritorio**, cuatro hojas de habilidades incluidas en este capítulo habrían podido caber en aquél. Los títulos mismos de esas hojas revelan las coincidencias entre ambos:

Instrucciones de salida avanzadas
Preservación del ambiente productivo: Mini VESMI
Preservación del ambiente productivo: Voz baja
Preservación del ambiente productivo: Paso lento

Aquí las he enlistado en orden de importancia, no en la secuencia que siguen en este capítulo. La hoja de habilidades *Instrucciones de salida avanzadas* es ideal hasta 5° grado y eficaz en versión modificada en grados superiores.

Recordatorio sobre el género

También en este capítulo, en la medida de lo posible, he empleado los términos "maestro o maestra" y "alumno o alumna".

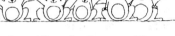

Acertijo de las ardillas

El champú líquido fue finalmente utilizable en 1958, 8 años después de haber sido concebido. La transmisión automática fue concebida en 1930. ¿Cuánto tiempo transcurrió antes de que fuera posible utilizarla?

Cómo refinar la habilidad "Instrucciones de salida"

He aquí una tragicómica escena de una escuela demasiado inclinada al hemisferio izquierdo del cerebro: en lugar de elaborar un **diagrama** sobre qué hacer en caso de incendio, la información respectiva es **presentada por escrito**. El instructor prohibe explícitamente a los alumnos salir del salón mientras lee la ruta exacta que deberán seguir en un incendio. Como algunos estudiantes se quejan, les dice, no sin petulancia: "Si sienten mucho calor, aléjense de las llamas. ¡Ya voy a terminar!"

Por lo general, la pregunta no es si los alumnos pueden leer o no las instrucciones de trabajo, sino si lo harán. Puesto que los estudiantes en riesgo piensan en términos de **objetos**, no de **palabras**, es conveniente emplear imágenes en las instrucciones. Un maestro perspicaz copió en color y tamaño más grande la cubierta del libro de su curso, para que fuera posible verla desde el fondo del aula; insertó en ella un recuadro en blanco y la enmicó. En el recuadro anotaba la página y problemas/preguntas del día.

En *Instrucciones de salida* hice estas sugerencias:

- Las instrucciones visuales son más claras y duplican el alcance de la memoria.
- Presente sistemáticamente las instrucciones en cierta área del pizarrón y con ciertos colores.
- Elabore carteles con la información regular.

Aquí haré sugerencias adicionales para la transición de la fase de **Enseñanza** a la de **Actividad de escritorio**/tarea. Dada la naturaleza de las consecuentes habilidades, invite a un compañero a observarlo cuando ya crea dominar una técnica, antes de pasar a otra.

Señale en silencio

Es poco realista pensar que los alumnos abandonarán de súbito la costumbre de pedirnos repetir instruccionede trabajo durante la actividad de escritorio frente a la de eerlas en el pizarrón. Cuando, en la **Actividad de escritorio**, los alumnos hagan preguntas cuya respuesta está exhibida en el pizarrón ("¿Qué debo hacer después?", por ejemplo), señale en silencio éste. Es muy importante que no establezca contacto visual con el estudiante que formuló la pregunta. Si evita el contacto visual, el alumno en cuestión entenderá que ésa no es manera aceptable de atraer su atención. Registre el tiempo transcurrido hasta que la mayoría de los alumnos se acostumbraron a leer el pizarrón durante la **Actividad de escritorio**, quiénes tardaron más en adquirir ese hábito y si efectivamente usted señala el pizarrón en silencio:_____

_____

Consultas

Tras impartir las instrucciones de salida y exhibirlas en el pizarrón o en carteles, pregunte: "¿Tienen dudas?" Además de contestar oralmente las consultas, escriba la respuesta en el pizarrón; de lo contrario, después tendrá que repetir la información.

Ponga a prueba este argumento haciendo lo contrario: durante dos días dé instrucciones, escríbalas en el pizarrón o en carteles, pregunte si hay dudas y responda sólo oralmente las consultas; indique cuántas veces tuvo que repetir la información:

_____

_____

Durante otros dos días, escriba en el pizarrón las respuestas de las consultas aparte de contestarlas oralmente; explique si los resultados obtenidos justifican el esfuerzo adicional de escribirlas:

_____

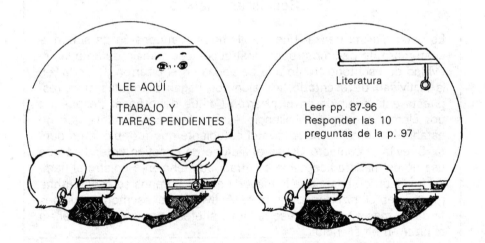

Ocultar y exhibir

Hay ciertas ventajas en mantener ocultas las instrucciones hasta que usted concluya la fase de **Enseñanza** de una lección y el grupo deba iniciar la **Actividad de escritorio**/tarea.

Imágenes

Los alumnos proclives al hemisferio derecho del cerebro prestan mayor atención a las imágenes, símbolos y objetos que a las palabras. Incluya esos elementos tanto como sea posible en sus carteles e instrucciones en el pizarrón. Si en su curso emplea un cuaderno de trabajo, por ejemplo, haga una reproducción a color de su cubierta y enmíquela; fíjela en el pizarrón con imanes y escriba junto a ella el número de la página en la que los alumnos deberán trabajar. Este medio para la presentación de instrucciones de trabajo es cómodo y rápido. Describa las nuevas imágenes que utiliza y lo que representan:_____

_____

_____

Describa los beneficios de las imágenes para ciertos estudiantes:

_____

_____

Ocultar y exhibir

Si exhibe las instrucciones de salida antes de exponer una lección o durante ella, algunos alumnos comenzarán a trabajar antes de que usted haya finalizado sus explicaciones. Hay ciertas ventajas en mantener ocultas las instrucciones hasta que usted concluya la fase de **Enseñanza** de la lección y el grupo deba iniciar la actividad de escritorio/tarea. De igual forma, aun si espera a terminar su exposición para anotar las instrucciones en el pizarrón, podrían surgir problemas de control si éstas son muy extensas.

En consecuencia, ¿qué puede hacer para disponer de las instrucciones de salida y exhibirlas en el momento oportuno? Fije los carteles correspondientes en posición inversa en el pizarrón o escriba las instrucciones antes de la clase y ocúltelas bajo un mapa plegable.

Ponga a prueba este argumento. Durante dos días exhiba las instrucciones de salida desde el inicio de su exposición. Describa las dificultades de control que se le presentaron:_____

_____

_____

Durante otros dos días prepare con anticipación las instrucciones, manténgalas ocultas y exhíbalas en el momento oportuno. Describa si los resultados obtenidos justifican el esfuerzo extra de prepararlas con anticipación:_____

_____

_____

Instrucciones de salida avanzadas

La mente reconoce y procesa más rápidamente los símbolos no verbales (gestos manuales, por ejemplo) que las palabras. Una señal puede transmitir gran cantidad de información en muy poco tiempo. En la década de 1970 los maestros de computación impartían con renuencia sus cursos, pues debían teclear palabras para acceder a los procesos e información de las computadoras. Hoy las barras de herramientas facilitan enormemente ese paso.

El empleo de señales para que los alumnos se concentren en su labor nos permite no mirarlos, y conservar así buenas relaciones con ellos.

Esta habilidad implica conceptos de *Instrucciones de salida* y *Distracción/Neutral/Concentración*, de modo que para practicarla es necesario que haya practicado estas dos. Cuando un alumno se distrae mientras el grupo trabaja, intente corregirlo lo más silenciosamente posible, pues el silencio es indispensable para la preservación de un ambiente productivo. Las *instrucciones de salida* suponen un mínimo de comunicación verbal. Las **Instrucciones de salida avanzadas** consisten en numerar las instrucciones en el pizarrón durante la actividad de escritorio, esto le permitirá remitir silenciosamente a secciones específicas de las *instrucciones*. He aquí un ejemplo:

1. Matemáticas: página 57, # 1-15, deberán enseñarme su trabajo al final de la clase.
2. Ortografía: cap. 9, para el viernes
3. Si terminan, pueden hacer una lectura libre.

Cuando un alumno o alumna está distraído, un maestro o maestra de hasta 5° grado podría llamarlo por su nombre, hacer el símbolo de "gato" o número (#) con dos dedos de cada mano y mirar el pizarrón, para que aquél le indique en silencio en qué número está trabajando. Con estudiantes de grados superiores debemos utilizar un recurso equivalente; por ejemplo, llamar al alumno por su nombre, dirigir su atención al pizarrón, encogernos de hombros y preguntar: "¿En qué número vas?"

Ventajas

Las *instrucciones de salida* avanzadas garantizan al maestro que el alumno está consciente del elemento de su labor en que debe concentrarse.

Esta técnica excluye el canal auditivo, lo cual es especialmente útil al trabajar con adolescentes. Practíquela tres veces durante una semana y registre la rapidez con que los alumnos volvieron a concentrarse mientras el resto del grupo mantenía un ambiente productivo.

Recuerde esperar hasta que el estudiante se concentre y haya respirado dos veces.

Primer ejemplo

1. Iniciales del alumno al que indujo a concentrarse:_____

2. Señal no verbal que utilizó:_____

3. Reacción del alumno:_____

4. ¿Esperó hasta que el alumno se concentrara y respirara al menos dos veces?   Sí ☐   No ☐

5. ¿Los estudiantes que ya estaban concentrados no se distrajeron a causa de este procedimiento?   Sí ☐   No ☐

6. Reflexione en las reacciones, o ausencia de éstas, de los alumnos distraídos a sus instrucciones de trabajo avanzadas.

Segundo ejemplo

1. Iniciales del alumno al que indujo a concentrarse:_____

2. Señal no verbal que utilizó:_____

3. Reacción del alumno:_____

4. ¿Esperó hasta que el alumno se concentrara y respirara al menos dos veces?   Sí ☐   No ☐

5. ¿Los estudiantes que ya estaban concentrados no se distrajeron a causa de este procedimiento?   Sí ☐   No ☐

6. Reflexione en las reacciones, o ausencia de éstas, de los alumnos distraídos a sus instrucciones de trabajo avanzadas.

Tercer ejemplo

1. Iniciales del alumno al que indujo a concentrarse:_____

2. Señal no verbal que utilizó:_____

3. Reacción del alumno:_____

☞

4. ¿Esperó hasta que el alumno se concentrara y respirara al menos dos veces?   Sí ☐   No ☐

5. ¿Los estudiantes que ya estaban concentrados no se distrajeron a causa de este procedimiento?   Sí ☐   No ☐

6. Reflexione en las reacciones, o ausencia de éstas, de los alumnos distraídos a sus instrucciones de trabajo avanzadas.

Acertijo de las ardillas

La transmisión automática fue finalmente utilizable en 1946, 16 años después de haber sido concebida. Los antibióticos fueron concebidos en 1910. ¿Cuánto tiempo transcurrió antes de que fuera posible utilizarlos?

Preservación del ambiente productivo: Voz baja

Lo menos recomendable

Maestros de inclinación auditiva

Los educadores tenemos la buena y mala fama de poseer "voz de maestro". Si la usamos al prestar ayuda a un alumno, los demás aprenderán a no conceder importancia a nuestra "voz de maestro". En particular, los entrenadores de equipos deportivos escolares deben moderar su tendencia a abusar de la voz de mando.

Durante la **Actividad de escritorio** recorremos el aula para ayudar individualmente a los alumnos. Hablemos entonces en voz baja, para no distraer a los demás.

Lo recomendable

Otra razón para no hablar en voz alta salvo en la fase de Enseñanza es que si la usamos durante los periodos de trabajo individual, los alumnos terminarán por insensibilizarse a ella, y nos veremos en la situación del pastor que gritó demasiadas veces que el lobo se acercaba: cuando deseemos atraer su atención, no responderán.

La actividad de escritorio productivo es resultado de una atmósfera visual, la cual comienza con las instrucciones visuales y los *Vesmi*. ¿Cómo mantener y fomentar ese ambiente una vez *transcurridos los veinte segundos más importantes*? En esta hoja de habilidades nos limitaremos a uno de los tres factores que contribuyen al ambiente productivo.

Voz alta o baja

Los estudiantes han sido condicionados a responder a la llamada de atención del maestro o maestra. Esta solicitud puede ser verbal ("¡Atención!", "¡Niños!", "¡Jóvenes!", "Silencio, por favor", "Las miradas hacia acá", etcétera) o no verbal. Uno de los principales medios no verbales para atraer la atención de los alumnos es el volumen de la voz del maestro. Así, es imperativo que distingamos entre **voz alta** y **baja**: debemos usar la primera durante las exposiciones y la segunda durante la Actividad de escritorio.

Para probar este argumento, haga lo opuesto: hable en voz alta mientras ayuda individualmente a los alumnos. Advierta los movimientos de éstos. Su "voz de maestro" produce en ellos efectos comparables a los de una piedra al ser lanzada en un estanque. La reacción será más intensa en los alumnos cercanos a usted: a veces se inmovilizarán, y los demás experimentarán un estremecimiento. Cuando, aparte de alta, nuestra voz es iracunda, los alumnos se paralizan como animales perseguidos.

Voz alta

1. Describa el volumen de su voz y la duración de su alocución:

   _____

   _____

2. Describa las reacciones de los estudiantes; específicamente, cuán pronto se estremecieron, cuándo dejaron de hacerlo y si ciertos sectores del grupo se vieron más afectados que otros:

   _____

   _____

Voz baja

3. Inmediatamente después de la actividad anterior, realice varias interacciones individuales con sus alumnos hablando en voz baja; es de suponer que no advierta estremecimientos en ellos. Reflexione sobre las ventajas de la *voz baja* para preservar un ambiente productivo.

Preservación del ambiente productivo:
Paso lento

Lo menos recomendable   Lo recomendable

Maestros de inclinación cinestésica

La habilidad *Paso lento* está destinada a maestros de inclinación cinestésica. No permitamos que nuestras virtudes de pasión y entusiasmo se conviertan en defectos. La **Actividad de escritorio** productivo es comparable a un evento deportivo: cuando éste termina, deseamos recordar lo que hicieron los jugadores, no el árbitro. De igual manera, durante la **Actividad de escritorio** los protagonistas son los alumnos, **no** el maestro. Si actuamos con precipitación, seremos como el bote que se acerca a un grupo personas concentradas en pescar: nuestra estela las perturbará.

En la sección anterior exploramos el efecto del volumen de nuestra voz en la concentración del grupo durante la actividad de escritorio. En esta nueva habilidad examinaremos las consecuencias de **nuestro paso** al recorrer el aula para asistir individualmente a los alumnos.

Cuando caminamos rápidamente por el salón, somos como el bote que, al surcar el lago, deja una estela tras de sí.

Lo menos recomendable

Desplácese rápidamente de un lado a otro del salón durante la **Actividad de escritorio**. Describa su trayectoria y ritmo:_____

_____

_____

    Describa el efecto en los alumnos. Sea específico: ¿los alumnos más afectados se hallaban cerca o lejos de usted? Preste especial atención a los alumnos cinestésicos (con trastornos de déficit de atención, hiperactivos, etcétera):_____

_____

_____

_____

    Repita varias veces esta actividad, puesto que el efecto acumulativo de la "estela" es geométrico: tras alcanzar la orilla del lago, la estela choca en su retorno con las nuevas ondas producidas por el repetido paso de una lancha de motor.

Lo recomendable

Transite inmediatamente a un paso lento y tranquilo y describa el efecto; es de suponer que no perciba "ondas" en la capacidad de concentración de sus alumnos:_____

_____

_____

    Resuma los efectos de su ritmo al andar en la productividad de sus alumnos, sobre todo de los estudiantes cinestésicos:_____

_____

_____

Preservación del ambiente productivo: Mini VESMI

Versiones docentes de Igor

Los educadores somos tan laboriosos que difícilmente nos mantenemos quietos durante los *veinte segundos más importantes*, pues preferimos trabajar y ayudar. Nuestra profesión consiste en "servir a los demás" y "explicar"; no es casual que el primer civil elegido para viajar al espacio exterior haya sido maestro.

Si nos viéramos en un video durante la **Actividad de escritorio**, descubriríamos que ni siquiera nos erguimos al pasar de un estudiante a otro. Parecemos la versión docente del jorobado Igor. Sin embargo, hacer una pausa y erguirnos durante la actividad de escritorio nos permite recuperar energía para el resto de la jornada y garantizar la tranquilidad del salón.

En *Instrucciones de salida* y *Los veinte segundos más importantes* aprendimos que podemos facilitar enormemente la transición a la actividad de escritorio. En las secciones precedentes nos ocupamos de dos variables para la preservación del ambiente productivo: voz baja y paso lento. En la habilidad de esta sección se combinan esas dos.

Mini VESMI

Dada la importancia de nuestra comunicación no verbal y el hecho de que la PAUSA es la señal no verbal más influyente, durante la actividad de escritorio hemos de hacer pausas

- cada vez que debamos hablar en voz alta o hagamos un *VESMI*, o al menos un *Mini VESMI* (cinco segundos en lugar de veinte, por ejemplo).
- después de asistir a cada dos o tres estudiantes en forma consecutiva, para respirar profundamente y observar al grupo.

Para comprobar la veracidad de estos axiomas, haga lo opuesto y siga después el método recomendado.

Lo menos recomendable

1. Durante la actividad de escritorio, haga intencionalmente un comentario en voz alta y de inmediato proceda a ayudar a un alumno. Describa el efecto de "ondas" en el grupo:_____
_____

   Repita esta actividad varias veces, para percibir el efecto acumulativo en el grupo de que usted no haga PAUSAS.

2. Durante el mismo período de actividad de escritorio, haga un comentario en voz alta en la forma recomendada:

   a. Atraiga la atención del grupo (recuerde: hable ligeramente por encima del volumen colectivo, haga una pausa y hable en voz baja).
   b. Haga el comentario (hable lentamente y remarque las últimas palabras).
   c. Haga una PAUSA (completa o de *Mini VESMI*) y desplácese después lentamente hacia otro alumno.

   Descripción de a, b y c:_____
   _____

   Descripción del efecto del inciso 2 en comparación con el inciso 1:_____
   _____

Enderécese, respire y observe

Luego de asistir a cada dos o tres alumnos en forma consecutiva, enderécese, observe al grupo y respire profundamente. Los *vesmi* periódicos (incluso sin que usted hable en voz alta) le permitirán confirmar la concentración del grupo. Considere varios factores:

- ¿Se yergue, respira y observa después de asistir a cada dos, tres o cuatro alumnos en forma consecutiva? El número depende de la frecuencia con la que deba aquietar al grupo.
- ¿Observa al grupo mientras se yergue y respira?
- Si un alumno le solicita ayuda en ese momento, ¿le señala en forma no verbal que estará con él en un minuto? Hágalo sin mirarlo; déle una ligera palmada, por ejemplo.

Lo recomendable

1. Describa las señales del grupo en las que reparó para determinar la frecuencia de este procedimiento:_____
_____

2. Describa la dirección y duración de su observación del grupo:
_____

3. Describa la señal no verbal de la que se valió para indicar a un alumno que solicitaba su ayuda que pronto estaría con él. ¿Lo miró en ese momento?_____
_____

4. Describa los efectos del proceso anterior: ¿el grupo se tranquilizó? ¿Usted redujo su tensión? ¿Aumentó su energía?_____
_____

Acertijo de las ardillas

Los antibióticos fueron finalmente utilizables en 1940, 30 años después de haber sido concebidos. El marcapasos lo fue en 1928. ¿Cuánto tiempo transcurrió antes de que fuera posible utilizarlo?

Capítulo cinco

Actividad de escritorio

La educación es cuestión de equilibrio entre disciplina y relajamiento... entre apego e independencia. Ese equilibrio es sumamente variable; la medida correcta en un momento dado podría ser incorrecta en el siguiente.

LEWIS MUMFORD

A todos los maestros nos enorgullecen los momentos especialmente productivos de actividad de escritorio. Este ambiente es satisfactorio gracias a que las necesidades están resueltas y los alumnos aprenden en forma independiente. Instantes así recompensan todos nuestros esfuerzos. En momento tan dichoso querríamos conocer la fórmula para repetirlo, porque sabemos que es misteriosamente efímero. En este capítulo examinaremos cómo incrementar la productividad durante la actividad de escritorio. El ambiente adecuado es producto sin duda de la aplicación de las habilidades de la **Transición a la actividad de escritorio**: *Instrucciones de salida* y *Los veinte segundos más importantes*. Así, para poder acometer las aventuras que le aguardan en este capítulo ya debe dominar las técnicas de las hojas de habilidades tanto de esas dos habilidades (incluidas en la sección de **Transición** del capítulo 1) como de las habilidades de **Actividad de escritorio**: *Distracción/Neutral/Concentración* y *Método de influencia*.

Motivación

Uno de los temas centrales de este capítulo es el poder de INFLUENCIA. Los maestros que ejercen poder para inducir a sus alumnos a concentrarse se hacen un flaco favor, pues se convierten en el agente de motivación para que éstos cumplan su deber. Los que, por el contrario, utilizan los métodos de INFLUENCIA hacen sentir a sus alumnos que la motivación procede de sí mismos. En este capítulo cuestionaremos algunos supuestos de la educación. Los profesores somos producto de un sistema que ha atrofiado al hemisferio derecho del cerebro y que perpetúa el pensamiento lineal del hemisferio izquierdo. La reacción automática clásica es creer que existe una "solución de sistema" a los problemas del aula, pese a lo cual la peregrinación a Mecas pedagógicas fue una moda fugaz. En Estados Unidos deserta más del 25 por ciento de la población escolar. Todos los estudios sobre los alumnos "en riesgo" demuestran que, desde el punto de vista del estilo de aprendizaje, los estudiantes cinestésicos y la escuela son incompatibles. ¿Qué harán "en las trincheras" los maestros del mañana? Los "sistemas" no ejercen ningún efecto en la población desertora... ¡pero las relaciones sí!

Obtendríamos valiosas ideas si consideráramos la opinión de los "mediadores", para quienes el conflicto consta de tres niveles. El desacuerdo podría residir en

---

Niveles de desacuerdo

- El nivel del problema
- El nivel de las necesidades
- El nivel de las relaciones

Estudiantes sin derechos

Por regla general, si usted elude el nivel del problema, buscará relaciones. La escuela actual no resuelve el problema que el plan de estudios representa para los alumnos cinestésicos. Éstos han sido privados de sus derechos por no destacar académicamente. Nuestra opción es establecer relaciones. Una vez formado un vínculo, ambas partes son responsables de mantener la relación al tiempo que enfrentan el problema. En ausencia de una relación, nos vemos obligados a recurrir al *poder*. Tenga en mente el propósito de contacto positivo mientras practica las habilidades de este capítulo. Habilidades de relación, éstas implican el sentido de la oportunidad. Pero vale la pena hacer el esfuerzo de dominarlas, porque eso nos permitirá emplear el *método de influencia*. Aplíquelas primero con alumnos poco difíciles, a fin de desarrollar el sentido de oportunidad que necesitará para aplicarlas exitosamente con sus alumnos más difíciles.

Grado de complejidad

Las habilidades de *Cómo refinar* la habilidad "Distracción/Neutral/Concentración" y de las dos secciones de *Reforzamiento positivo*, *Individual* y *Retroalimentación al grupo*, son muy útiles para la **Actividad de escritorio**. *3 antes de mí* es apta hasta 5° grado. Este capítulo contiene las dos habilidades más complicadas de este manual: *La mano fantasma* y la "Pausa de vacío" (incluida en Del método de poder al de influencia).

Recordatorio sobre el género

También en este capítulo he intentado emplear, en la medida de lo posible, los términos "maestro o maestra" y "alumno o alumna".

Acertijo de las ardillas

El marcapasos fue finalmente utilizable en 1960, 32 años después de haber sido concebido. La sopa de pasta fue concebida en 1943. ¿Cuánto tiempo transcurrió antes de que fuera posible utilizarla?

Del método de poder al de influencia

¿Cuántos Samueles hay en su salón de clases?

En secciones anteriores sugerí practicar nuevas habilidades con alumnos poco difíciles, para practicar el dominio del sentido de la oportunidad. Con el alumno promedio usted puede usar el método indirecto de influencia para la adopción de una conducta adecuada. Sin embargo, en esta sección nos centraremos en los alumnos más difíciles. Para ellos, la gentileza del *método de influencia* suele ser demasiado sutil. Así, debemos recurrir al *poder* para obtener su atención. Esto me recuerda la historia del caballero que ahorró para comprar una granja en la cual pasar los fines de semana.

Durante su primera primavera en el campo, tomó en renta la mula de su vecino para arar la tierra donde deseaba cultivar un huerto. Se levantó muy temprano y desayunó abundantemente. El vecino llegó con "Samuel" a la hora acordada. Tras enganchar a la bestia de carga, se marchó. El caballero tomó ansioso el arado frente a los futuros surcos de sus hortalizas. Pero por más que lo intentó, no logró que la mula se moviera.

Sabiduría

Decepcionado, consultó al campesino. Éste le preguntó si había tirado de las riendas y golpeado alternadamente con ellas a la mula, si le había dicho "arre" y si se había parado frente a ella para jalar la montura, a todo lo cual el caballero respondió que sí. El campesino hizo entonces una pausa, tomó en silencio un leño y se acercó a Samuel, sin mostrárselo. El caballero se colocó diligentemente en el timón del arado mientras el campesino, mirando a los ojos a la mula, y la golpeó en la cabeza con el leño.

¿Por qué actuó así?

Sobrecogido, el caballero sintió de inmediato que la mula se ponía en marcha. Terminó su trabajo antes de lo que hubiera imaginado. Luego de devolver a Samuel al corral, aún asombrado, se acercó a su vecino para darle las gracias y preguntarle: "¿Por qué actuó así?" Después de rascarse la cabeza, el campesino contestó: "A Samuel le gusta cooperar, y a usted ser amable; simplemente había que captar su atención."

Al igual que con Samuel, emplear este método con los alumnos "más difíciles" es correcto, siempre y cuando no abusemos de él, y mucho menos del alumno. El propósito es usar el *poder* para sacudir al alumno –hacerlo pasar del estado de distracción al neutral–, luego de lo cual debemos aplicar la técnica *Cambie de posición y respire* para adoptar el método de *influencia*, con objeto de trasladar en forma indirecta al alumno del estado neutral al de concentración.

Preservación de las relaciones

En cierta ocasión ofrecí voluntariamente mis servicios a un plantel para niños de edad preescolar en un céntrico barrio de una ciudad. El director me pidió observar en secreto a sus tres mejores y tres peores maestros. El objetivo era determinar la diferencia entre ambos grupos y lograr que el segundo se asemejara al primero. La cultura y circunstancias incitaban lo que a primera vista era el abuso físico de estudiantes aparentemente fuera de control. Al principio supuse que los maestros ineficaces abusaban de los alumnos en mayor grado que los eficaces. Y aunque efectivamente así fue, observaciones adicionales revelaron que los buenos maestros también conseguían más rápidamente la concentración de sus alumnos, así como una concentración más duradera. La prueba de fuego era que, luego de que uno de estos maestros disciplinaba a un estudiante, a menudo éste lo llamaba en menos de dos minutos para enseñarle orgullosamente lo que había hecho. En otras palabras, la relación se mantenía pese al incidente de disciplinamiento.

Tránsito a la influencia

Me sorprendió que dos grupos de maestros que realizaban el mismo tipo de intervenciones obtuvieran resultados tan distintos. Después de amplias observaciones, descubrí la diferencia. Ambos grupos hacían en principio lo mismo –realizar una intervención de poder–, pero los educadores mejor preparados transitaban rápidamente a la *influencia*. Sobresalían por su constancia dos aspectos específicos: el profesor desplazaba la vista del alumno al trabajo en cuanto éste lo miraba, indicación de que el estudiante prestaba atención. Era como si el maestro le comunicara en forma no verbal: "Eres una buena persona; ¡lo que me preocupa es tu conducta!" El segundo signo era el modo en que el maestro asía al estudiante. Lo tomaba del codo, por ejemplo, y no lo soltaba aunque el alumno lo mirara, pese a lo cual éste disponía de amplio margen de movimiento del brazo y el cuerpo. La mano del maestro y el codo del estudiante semejaban una pareja de bailarines. El maestro tiraba inicialmente del alumno para arrebatarlo de su mundo de fantasía y hacerlo pasar del estado de distracción al neutral, y después permitía que pasara por sí solo al estado de concentración.

Paciencia

A causa del alto grado de complejidad de las habilidades de este capítulo, le sugiero no ejercitarlas sin antes haber practicado las siguientes secciones:

- *Distracción/Neutral/Concentración*, formulario individual y para los compañeros.
- *Método de influencia*, formulario individual y para los compañeros.
- *Descontaminación del salón de clases*, formulario individual.
- *Cambie de posición y respire*, formulario individual.

La práctica de los ejercicios anteriores le permitirá conocer y dominar estas habilidades:

- distinción de los estados de distracción, neutral y de concentración

- diferenciación entre
  poder = método directo
  influencia = método indirecto
- asociación de estados mentales con lugares
- la función de la respiración en los elementos precedentes

Descripción general

Partamos del supuesto de que la aplicación del método indirecto no le dio resultado. El estudiante cinestésico de extrema inclinación al hemisferio derecho del cerebro es miembro del Club TSP = La Tierra como segundo planeta. Si se acerca a él muy sutilmente, el alumno seguirá mentalmente ausente. Por lo tanto, deberá adoptar la técnica *Del método de poder al de influencia*. Empleará en principio algunos o todos los componentes no verbales del método directo del poder.

Método de poder

- El maestro se aproxima al alumno por el frente
- Lo mira a los ojos
- Respira agitadamente
- Se halla muy cerca del alumno, hasta casi tocarlo
- Habla, quizá en voz alta

Una vez obtenida la atención del alumno (lo que significa que éste se ha trasladado al estado neutral), adopte el método indirecto de *influencia*. Esto implica eliminar toda señal no verbal bipersonal: contacto visual, respiración agitada, asimiento severo, voz alta, etcétera, para dirigir la atención al contenido.

Método de influencia

- El maestro se desplaza a un lado del alumno
- Mira el trabajo en el pupitre de éste.
- Respira profundamente
- Guarda cierta distancia
- No habla, o lo hace en voz baja

Este paso del personaje disciplinador al educador es básicamente lo que ya practicamos en *LEVANTE LA VOZ* (*haga una pausa*) *baje la voz*.

Su intervención ocurrirá en forma ininterrumpida, desde luego; en el siguiente formulario perfilaremos cada etapa por separado.

Primer ejemplo

1. Iniciales de un estudiante muy difícil:_____

2. Describa qué ocurrió tras acercarse indirectamente a él:_____
   _____

3. Describa los aspectos del *método de poder* que utilizó:_____
   _____

   Describa qué le indicó que el alumno había vuelto a la Tierra y se encontraba en estado neutral, motivo por el que usted abandonó el método del poder: _____
   _____

   Describa cómo aplicó la habilidad *Cambie de posición y respire*:
   _____

4. Describa los aspectos del método de la influencia que utilizó:
   _____
   _____

5. Describa los resultados benéficos tanto para el alumno como para usted:_____
   _____

Segundo ejemplo

1. Iniciales de un estudiante muy difícil:_____

2. Describa qué ocurrió tras acercarse indirectamente a él:_____
   _____

3. Describa los aspectos del *método del poder* que utilizó:_____
   _____

☞

Describa qué le indicó que el alumno había vuelto a la Tierra y se encontraba en estado neutral, motivo por el que usted abandonó el método del poder:_____

_____

Describa cómo aplicó la habilidad Cambie de posición y respire:

_____

4. Describa los aspectos del método de la influencia que utilizó:

_____

_____

5. Describa los resultados benéficos tanto para el alumno como para usted:_____

_____

Habilidades de observación

La habilidad que expondré en esta sección es sutil, pero muy poderosa. Aprenderá acerca del sentido de oportunidad, y lo practicará. Ello implica paciencia y el ejercicio constante de sus aptitudes de observación. Un colega en Gran Bretaña del doctor David Livingstone, explorador escocés residente en África, escribió a éste: "¿Ya abrió una vereda? Enviaremos científicos." Livingstone contestó: "Si necesitan una vereda, no los envíe."

Los estudiantes "muy difíciles" son llamados "hiperactivos". Puesto que su concentración suele ser fugaz, el maestro o maestra debe controlarlos e inducirlos a concentrarse de nuevo. Una descripción de su conducta incluiría los siguientes elementos:

Características del alumno hiperactivo

- impulsivo y sumamente inquieto
- períodos de concentración extremadamente breves
- no se concentra adecuadamente, o no por mucho tiempo
- inteligencia superior al promedio
- orientado al exterior, posee una alta tendencia a distraerse

A causa de estas propensiones, alumnos como éstos no permanecen distraídos o concentrados mucho tiempo en un mismo asunto. Son como moscas que zumban azarosamente de un objeto a otro. En el siguiente formulario practicará, detectar este patrón de distracción.

Registro en el salón de clases de un compañero

1. Visite el aula de un compañero. Identifique a un estudiante suma-mente distraído. Anote sus iniciales o haga una descripción física de su atuendo o sitio de trabajo:_____

   Los estudiantes cinestésicos poseen una fantasía inagotable. Ten-ga a la mano un reloj con segundero. Durante uno o dos minu-tos, observe a este alumno y registre con una marca cada vez que pase de un foco de atención interno o externo a otro.

   _____, _____, _____, _____, _____,
   _____, _____, _____, _____, _____,
   _____, _____, _____, _____, _____,
   _____, _____, _____, _____, _____,

2. Esta práctica consiste en realidad en percibir los signos externos de un estudiante que primero se concentra en cierto foco de atención, transita después a una breve **"pausa de vacío"** y se concentra finalmente en otro foco de atención. En poder de esta información, practique con otro estudiante. Iniciales o descrip-ción:_____

   _____, _____, _____, _____, _____,
   _____, _____, _____, _____, _____,
   _____, _____, _____, _____, _____,
   _____, _____, _____, _____, _____,

3. Terminado el registro, repare en el lapso entre el momento en que el alumno deja de concentrarse en una cosa y el momento en que se concentra en otra. Este lapso es la pausa de vacío. Durante ella no sucede nada. El alumno se halla en el limbo, en un estado neutral temporal. Anote sus observaciones sobre la pau-sa de vacío de este alumno; describa qué hace con su cuerpo.

   _____
   _____
   _____
   _____

Intervención en la pausa de vacío

Dado que a menudo nuestra intervención en estas circunstancias implica dos pasos: trasladar al estudiante del estado de distracción al neutral y de éste al de concentración, la intervención durante una **pausa de vacío** –estado neutral innato– nos ahorra un paso.

El propósito es intervenir en la pausa de vacío. Podemos hacerlo de manera visual (atrapando la mirada del alumno, por ejemplo), auditivamente (llamándolo por su nombre o carraspeando) o cinestésicamente (acercándonos a él o tocándolo). El problema es que cuando **descubrimos** a un estudiante en una pausa de vacío y nos **disponemos** a una intervención, ésta ocurrirá cuando el alumno ya **haya** transitado de la pausa de vacío a una nueva distracción. Entre el "momento en que **descubrimos**" y el "momento en que **actuamos**", la pausa de vacío se nos escapa. Por lo tanto, debemos determinar el ritmo o frecuencia de esa pausa.

Ritmo

La frecuencia de la pausa de vacío es distinta en cada caso. Sin embargo, un estudiante suele ofrecer ciertas indicaciones del fin de su atención en algo, lo que le permitirá a usted prever la inminencia de una pausa de vacío. Así, podrá iniciar su intervención (mirar al alumno, llamarlo por su nombre, tocarlo, etcétera) hacia el final de un episodio de atención, para sorprender al alumno justo en una pausa de vacío.

Observe a dos alumnos de un compañero maestro, los mismos de la actividad anterior u otros. Elabore un código para registrar el momento en que advierte los signos de la pausa de vacío y (con una tache, por ejemplo) el momento en que advierte los signos del fin próximo de un episodio de atención.

Iniciales o descripción del **primer alumno:**_____

Código:_____

_____

Iniciales o descripción del **segundo alumno:**_____

Código:_____

_____

En su aula

Tras haber practicado la detección de indicadores de la inminencia de una pausa de vacío, elija a dos alumnos de su grupo que suelen distraerse en exceso. Intente intervenir. Lo interesante de la práctica de esta habilidad es que, incluso si interviene en un episodio de atención y no en una pausa de vacío, aprenderá acerca del **ritmo**. Al igual que en el entrenamiento de la percepción, aquí no hay fracasos: todo es retroalimentación. Cuando intervenga en una pausa de vacío, se convencerá de la eficacia de la detección del **ritmo** y se sentirá motivado a seguir practicando.

Intervención de poder

Iniciales del **primer alumno:**_____

Descripción de su(s) intento(s): ¿Qué signos detectó para saber en qué momento intervenir y cuáles fueron los resultados?_____

_____

_____

_____

_____

Iniciales del **segundo alumno:**_____

Descripción de su(s) intento(s): ¿Qué signos detectó para saber en qué momento intervenir y cuáles fueron los resultados?_____

_____

_____

_____

Tránsito a la influencia

Independientemente de que su consistencia para intervenir en la pausa de vacío de un alumno aumente o no, lo habrá hecho pasar del estado de distracción al neutral, punto en el que debe abandonar el método del poder (directo) en favor del método de la influencia (indirecto). Describa de qué señales no verbales se valió durante el método del poder para trasladar al alumno del estado de distracción al neutral, y de cuáles otras durante el método de la influencia para trasladarlo finalmente al estado de concentración:

Primer alumno:_____

_____

_____

_____

Segundo alumno:_____

_____

_____

_____

Cómo refinar la habilidad "Distracción/Neutral/Concentración"

> La certeza de que todos los estudiantes **pueden** aprender es funda-
> mental en el ideario del maestro. Todos sus actos se basan en esa
> certeza.
>
> Consejo Nacional de Normas
> Pedagógicas Profesionales de Estados Unidos

Se vale llorar

Cambio de paradigma

La habilidad que expondré en esta sección es la más controvertida
de las estrategias no verbales para la enseñanza. Pese a que este-
mos ciertos de que "todos los estudiantes pueden aprender", un
gran número de sistemas educativos **no cuenta** con recursos finan-
cieros suficientes que nos permitan actuar de acuerdo con esa cer-
teza. En esta sección propondré un cambio de paradigma.

Los dos conceptos fuente de todas nuestras habilidades de **Actividad de escritorio** son:

- el *método de influencia*
- la confirmación de que el alumno está concentrado al momento de alejarnos de él

Aquí nos ocuparemos de dos conceptos: punto a punto y retirada en dos etapas.

Punto a punto

Nuestros días caóticos suelen ser producto de un manejo de la actividad de escritorio al que llamo "punto a punto". ¿Recuerda los libros de dibujo en cuyas páginas sólo aparecían puntos numerados? Trazábamos una línea de un punto al siguiente. En nuestros días frenéticos, corremos de un alumno distraído a otro. Si nos filmaran y viéramos la cinta en cámara rápida, nos veríamos ir de un punto a otro. La diferencia es que el resultado que conseguíamos en el libro de dibujo era una figura lógica.

Formulario

Invite a un observador a llenar el formulario de la sección de formularios para los compañeros (página 231).

1. Durante dos días, repare en los alumnos a los que asistió individualmente al menos dos veces en un lapso de 10 minutos de la actividad de escritorio. Anote sus iniciales:_____, _____, _____, _____, _____, _____ y _____.

2. En esos mismos días, repare en los estudiantes a los que indujo a concentrarse al menos dos veces en un lapso de 10 minutos. Anote sus iniciales:_____, _____, _____, _____, _____, _____ y _____.

   Emplee en las actividades anteriores un diagrama de pupitres. Cada vez que ayude a un alumno, escriba una A junto a sus iniciales; cada vez que induzca a un alumno a concentrarse, escriba una C.

---

3. Observe las dos listas.

- ¿Qué alumnos aparecen sólo en la primera? Anote sus inicia-les:_____, _____, _____, _____. Los llamaremos grupo A, a quienes ayuda.
- ¿Qué alumnos aparecen en ambas? Anote sus iniciales:_____, _____, _____, _____. Los llamaremos grupo A y C, aque-llos a quienes ayuda e induce a concentrarse.
- ¿Qué alumnos aparecen sólo en la segunda? Anote sus inicia-les:_____, _____, _____, _____. Los llamaremos grupo C, aquellos con los que principalmente establece contacto para inducirlos a concentrarse.

Sugerencias

Usted conoce sus circunstancias mucho mejor de lo que podría esta-blecerlas cualquier teoría general, de modo que adapte a su situación las sugerencias que le haré. Después de practicar las habilidades aso-ciadas con cada una de las tres categorías de estudiantes, invite a un compañero a observarlo. Lea cuidadosamente las instrucciones del formulario correspondiente, incluido en el capítulo 10, puesto que el contenido de los formularios para los compañeros suele diferir del de los individuales.

Grupo A

Componen este grupo los alumnos a los que ayu-da en forma individual, algo que a todos nos gusta hacer. Es lamentable que no siempre po-damos hacer lo que tanto nos agrada: enseñar. Un sagaz y experimentado educador comentó en cierta ocasión: "Nunca hacemos las cosas tan bien como podríamos." Supongo que lo que quiso decir fue que los maestros **nos** contamos entre los profesionales más generosos. Ésta es la razón de que Christa McAuliffe haya sido elegida para ser el primer civil en volar al espacio exterior. **Nos** fascina impartir, facilitar, asistir a los demás. El propósito de este libro es elevar nuestra eficacia en el manejo del aula a fin de que podamos dedicar más tiempo a dar. Le sugiero indagar qué siente por los alumnos de este grupo. La mayoría de los maestros sentimos amor por estos estudiantes. Pero hágase ahora una pregunta que podría parecer extraña: ¿qué siente por los alumnos del grupo A y C? En otras palabras, ¿qué puede hacer para aceptar que forma parte de un sistema incapaz de atender suficientemente a estos alumnos? Cuanto más realistas seamos en la evaluación del alcance de nuestra influencia, más nos enorgullecerá lo que podamos hacer, lo que a su vez incrementará nuestra motivación. Reflexione sobre su nivel de aceptación y motivación y en lo que le implicaría aumentarlo.

Invite a un observador a darle retroalimentación sobre su relación con los alumnos del grupo A. Antes lea las secciones "Sugerencias" y "Grupo A" del formulario para su compañero, con objeto de conocer las preguntas que éste le hará.

Grupo A y C

Preste particular atención a este grupo, a cuyos miembros inducen a concentrarse y ayudan en forma individual. Advierta si existe una correlación entre la ayuda que les brinda y el incremento de su concentración. En otras palabras, ¿la razón de que no se comporten en forma adecuada es que no pueden rendir académicamente? De ser así, no use con ellos el *método de influencia*, pues no le dará resultado. En cambio, acuda a ayudarlos tan pronto como destine al grupo a la actividad de escritorio (mediante las *instrucciones de salida* y los VESMI). Si no puede hacerlo, no espere que cumplan. Considérelos temporalmente en el grupo C. Si no molestan a nadie y no dispone de tiempo para ayudarlos, déjelos solos. Analice cómo ha tratado hasta ahora a estos estudiantes y en los efectos de este nuevo método.

Grupo C

Pertenecen a este grupo los alumnos con los que principalmente establece contacto a través del control, no de la ayuda. Reflexione en si los controla

- por su bien
- o porque su distracción interfiere en el aprendizaje de los demás

Si es por su bien, pregúntese cuán eficazmente utiliza su tiempo y energía en comparación con el tiempo que dedica a los grupos A y A y C. Nuestra profesión se distingue por basar sus prácticas en consideraciones filosóficas, aun si no son del todo eficientes. No es que deba ignorar al grupo C, sino sencillamente que éste tiene la última prioridad en la jerarquía del servicio pedagógico. Distinga entre los alumnos de este grupo que molestan a los demás y los que no para deducir el cambio en su propia autoestima y en el uso productivo de su tiempo durante la actividad de escritorio.

Resumen de punto a punto

Usted ha dividido a sus alumnos en tres grupos:

- Grupo A: los alumnos a los que ayuda
- Grupo A y C: los alumnos a los que ayuda y controla
- Grupo C: los alumnos a los que principalmente controla

El propósito de la práctica de estas habilidades es evitar que corra por el salón de punto a punto. El tiempo y energía de que disponemos durante la actividad de escritorio son limitados. Debemos priorizar. Le he sugerido ayudar al grupo A y al grupo A y C y distinguir a los alumnos del grupo C entre quienes INTERFIEREN EN EL APRENDIZAJE DE LOS DEMÁS y quienes, pese a no estar concentrados, no molestan a sus compañeros. Intervenga en el caso de los primeros y deje solos a los segundos, a menos que tenga tiempo para ellos. ¿Qué obtiene de la práctica de estas sugerencias?

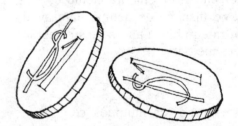

Dos monedas iguales sólo lo son aparentemente

Retirada en dos etapas

Distracción/Neutral/Concentración y el *método de influencia* persiguen que un alumno o alumna pase del estado de distracción al neutral y finalmente al de concentración. El empleo de estas habilidades le permitirá convertir en positivo el síndrome del contacto negativo con estudiantes en riesgo. Esto plantea un problema: cómo alejarse de un alumno. Ello es difícil por dos razones. A veces el alumno se sentirá "ansioso de contacto" y no querrá que usted se retire; otras, su presencia es necesaria para que permanezca concentrado. En uno u otro caso, la siguiente habilidad le será muy útil.

Cuando el alumno se haya concentrado y haya respirado al menos dos veces (es decir, haya inhalado y exhalado dos veces):

1. Enderécese lentamente y manténgase cerca de él.
2. Puesto que, en una situación positiva, el contacto visual intensifica el contacto personal de la interacción y suscita por lo tanto un intercambio, mantenga fija la vista en el trabajo del alumno. Aquí concluye la primera etapa de su retirada.
3. Retroceda lenta y gradualmente, de manera que el estudiante no lo perciba. Obsérvelo para cerciorarse de que sigue concentrado independientemente de usted.
4. Retírese lenta y gradualmente.

Los números del siguiente formulario corresponden a los anteriores.

Primer estudiante

Iniciales de un alumno con quien desea practicar esta habilidad:

_____

1. Describa cuánto tiempo tardó en erguirse y qué le indicó que el estudiante respiraba profundamente y se había concentrado:

    _____

2. Describa lo que hizo para mantener fija la vista en el trabajo del alumno:_____

    _____

3. Describa su lento y gradual retroceso para que el alumno no lo percibiera y mencione si éste prosiguió en su labor en ausencia de usted. Indique la duración de este paso y si tuvo que hacer algunas modificaciones a causa de circunstancias inesperadas:

    _____

    _____

4. Describa su lento y gradual retiro y si el estudiante prosiguió en su labor. Indique de nueva cuenta la duración de este paso y si

tuvo que hacer algunas modificaciones a causa de circunstancias inesperadas:_____

_____

Segundo alumno

Iniciales de un alumno con quien desea practicar esta habilidad:
_____

1. Describa cuánto tiempo tardó en erguirse y qué le indicó que el estudiante respiraba profundamente y se había concentrado:
   _____

2. Describa lo que hizo para mantener fija la vista en el trabajo del alumno:_____

   _____

3. Describa su lento y gradual retroceso para que el alumno no lo percibiera y mencione si éste prosiguió en su labor en ausencia de usted. Indique la duración de este paso y si tuvo que hacer algunas modificaciones a causa de circunstancias inesperadas:
   _____

4. Describa su lento y gradual retiro y si el estudiante prosiguió en su labor. Indique de nueva cuenta la duración de este paso y si tuvo que hacer algunas modificaciones a causa de circunstancias inesperadas:_____

   _____

Resumen de los detalles adicionales de la habilidad "Distracción/Neutral/Concentración"

Habiendo practicado por separado las habilidades de pausa de vacío y retirada en dos etapas, combínelas con las siguientes habilidades:

- Intervención con el *método del poder*.
- Adopción del método de la influencia una vez que el alumno transite al estado neutral.
- Lento y gradual retroceso en cuanto el alumno transite a la concentración.
- Retirada lenta y gradual.

Reforzamiento positivo:
Uno a uno

Dijo un poeta: "Los niños siempre consiguen nuestra atención. Que el contacto sea **positivo** o no depende de cuán pronto y con cuánta frecuencia se la concedamos."

De acuerdo con cierta encuesta, los maestros poseemos mayor orientación a las personas que a las ideas. Las investigaciones confirman que nuestro nivel de energía es más alto y nuestra imagen de nosotros mismos más satisfactoria cuando damos a nuestros alumnos "palmadas positivas". A la inversa, nuestro nivel de energía e imagen de nosotros mismos se deterioran cuando los disciplinamos. Es obvia entonces la utilidad de métodos que favorecen el **reforzamiento positivo** y reducen el **reforzamiento negativo**.

Intervalo

A menudo la diferencia entre una palmada y una reprimenda es el *intervalo* entre palmadas. Ubicado junto al proyector, por ejemplo, un maestro pide a los alumnos que muestren alguna aptitud en la pantalla. Intencionalmente ha colocado a Gabriel (estudiante sumamente cinestésico) al frente de una fila para mantenerlo concentrado. Recurre a varias técnicas para interrumpir su distracción e inducirlo a concentrarse. Esto representa, sin embargo, una intervención disciplinaria. Gabriel permanece concentrado alrededor de 30-40 segundos; el maestro interviene cada 60-90 segundos. Si lo "palmeara" cada 25 segundos, el período de concentración de Gabriel se incrementaría, y el profesor derivaría satisfacción del hecho de ejecutar únicamente acciones positivas.

Palmadas

Otra manera de evitar la interacción negativa (disciplinamiento) en favor de la interacción positiva (palmadas) es emitir elogios visuales, auditivos o cinestésicos 20-25 segundos después de una intervención disciplinaria. Esto permite al maestro asegurarse de que el estudiante sepa cuál es su conducta aceptable, y de que en consecuencia pueda atraer la atención en forma positiva.

Este concepto es especialmente aplicable a alumnos inclinados al hemisferio derecho del cerebro a causa de estos rasgos:

Alumnos inclinados al hemisferio derecho del cerebro

- Interacción personal
- Breve período de atención
- Tendencia a la distracción
- Necesidad de reforzamiento inmediato

Los siguientes ejercicios le permitirán practicar este concepto. Ejercite esta habilidad con un estudiante poco difícil.

Primer alumno

Iniciales:_____

1. Describa la conducta inadecuada del alumno:_____
   _____
   _____
   _____

2. Realice su proceso normal de intervención disciplinaria.

   • ¿Cuán frecuentemente lo realizó? ("Cada _____ segundos o minutos", por ejemplo.)_____
   • ¿Cuánto tiempo permaneció concentrado el alumno?_____
   _____
   _____

3. Practique ahora la técnica de reforzamiento positivo. Realice su proceso normal de intervención disciplinaria. Aún concentrado el alumno, elogie su conducta.

   • ¿Cómo supo que podía esperar cuanto esperó? En otras palabras, ¿cuáles fueron las indicaciones de que el estudiante seguía concentrado pero estaba a punto de distraerse?
   _____
   _____
   _____

   • ¿Cuál fue su elogio o reforzamiento positivo? No olvide que en ocasiones los reforzamientos no verbales son mejores que los verbales:_____
   _____
   _____

4. Describa brevemente los resultados. Indique en especial si aumentó el periodo de concentración del alumno._____
   _____
   _____

Segundo alumno

Iniciales:_____

1. Describa la conducta inadecuada del alumno:_____
   _____
   _____

2. Realice su proceso normal de intervención disciplinaria.

   • ¿Cuán frecuentemente lo realizó? ("Cada _____ segundos o
     minutos", por ejemplo.)_____
   • ¿Cuánto tiempo permaneció concentrado el alumno?_____
     _____
     _____

3. Practique ahora la técnica de *reforzamiento positivo*. Realice su
   proceso normal de intervención disciplinaria. Aún concentrado el
   alumno, elogie su conducta.

   • ¿Cómo supo que podía esperar cuanto esperó? En otras pala-
     bras, ¿cuáles fueron las indicaciones de que el estudiante se-
     guía concentrado pero estaba a punto de distraerse?
     _____
     _____
     _____

   • ¿Cuál fue su elogio o reforzamiento positivo? No olvide que en
     ocasiones los reforzamientos no verbales son mejores que los
     verbales:_____
     _____
     _____
     _____

4. Describa brevemente los resultados. Indique en especial si aumentó el período de concentración del alumno._____
   _____
   _____
   _____

Reforzamiento positivo:
Retroalimentación al grupo

Los maestros deseamos que los alumnos sean autónomos. Si les damos retroalimentación verbal, dependen de una fuente externa. La habilidad de esta sección consiste en ofrecer retroalimentación a los estudiantes cuando **comienzan** a desviarse de la norma aceptable para que se **corrijan** a sí mismos.

Esto contiene dos ingredientes de **justicia**:

- el maestro es **sistemático**
- los estudiantes saben lo que deben hacer

La *retroalimentación* al grupo se refiere específicamente al segundo componente. A todos nos gusta ser justos.

La actividad de escritorio es más productiva cuando los alumnos están relajados además de concentrados. Si algunos de ellos se distraen, debemos darles retroalimentación sobre lo que esperamos de ellos, y sobre la diferencia entre lo que hacen y nuestras expectativas. Pero si emitimos oralmente esa retroalimentación, nos convertimos en "agentes de tránsito". Aunque así contribuimos a su productividad, recurrimos al *método del poder*, lo que entre otras cosas significa que los alumnos no están relajados. Provocamos asimismo que perciban que deben concentrarse a causa de nosotros, no de su motivación personal. Dado que, además, debemos permanecer visiblemente presentes, no podemos prestar ayuda individual a otros alumnos.

En la sección anterior exploramos el conocido concepto de "sorprender a alguien en una buena acción" en situaciones individuales. Esta vez lo que perseguimos es dar a los alumnos, mediante el *método de influencia*, una palmada positiva colectiva mientras siguen concentrados pero están a punto de dejar de estarlo. Este procedimiento rinde numerosos subproductos: los estudiantes se convencen de que se motivan a sí mismos y se sienten relajados, mientras que nosotros podemos seguir prestando ayuda individual. Para dar retroalimentación en silencio podemos recurrir a señales visuales no verbales. Los ejemplos que daré son eficaces hasta 4° grado y deben modificarse un tanto para la educación media y en mayor medida para la media superior.

Semáforo

Un profesor encargó al taller de carpintería de la secundaria la fabricación de un semáforo, el cual instaló en el aula. Mientras los estudiantes trabajan adecuadamente, está encendida la luz verde. En cuanto comienzan a distraerse, se apaga la luz verde y se enciende la amarilla. Este maestro de 5° grado de Myrtle Creek, Oregon, informa que nueve de cada diez veces los alumnos recobran de inmediato la conducta apropiada. Después de que se apaciguan, deja encendida la luz amarilla uno o dos minutos más antes de encender la verde. Interrogado sobre lo que ocurre cuando enciende la luz roja, contestó con risa ahogada: "¡Arde Troya!" También mencionó que repone los focos verdes varias veces al año, mientras que desde que inició esta práctica, hace cinco años, no ha necesitado reponer ni el amarillo ni el rojo.

R̲E̲C̲R̲E̲O̲

Kathy Force, maestra de tercer grado, adhirió a la derecha del pizarrón seis tarjetas, cada cual con una letra, las que en conjunto forman la palabra ⟦R⟧⟦E⟧⟦C⟧⟦R⟧⟦E⟧⟦O⟧. Si el grupo no se comporta correctamente, coloca la última letra en posición horizontal. De seguir las cosas así, la retira, lo que significa que el grupo ha perdido un minuto de recreo. Aunque éste es un proceso de reforzamiento negativo, constituye un excelente sistema de retroalimentación visual. Este método es ideal para los días del hemisferio derecho, como la semana anterior a las vacaciones de invierno. Kathy usa otros sistemas para sus reforzamientos positivos en las semanas regulares del año.

Barómetro

El maestro de este ejemplo es profesor del centro de medios de comunicación de una escuela primaria. Este dato es importante, porque los "especialistas" de esta escuela se asemejan a los maestros de secundaria, ya que imparten materias distintas a las asignadas al profesor titular, y por lo tanto poseen estilos de control diferentes. Este maestro fijó en un tablero la mitad de un círculo, similar al sol poniente, dividido en cuatro secciones. La del extremo izquierdo es verde, la siguiente verde-amarilla, la siguiente amarilla y la última roja. En el centro hay una flecha giratoria, la cual apunta hacia abajo cuando el sistema no está en uso. Este dispositivo funciona como el semáforo de uno de los ejemplos anteriores, pues los alumnos disponen de retroalimentación constante sobre sus acciones: verde = excelente, verde-amarillo = regular, amarillo = cuidado, rojo = sanción.

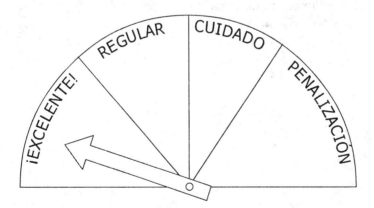

Los educadores de los ejemplos precedentes intentaron brindar retroalimentación visual no verbal para reforzar positivamente el comportamiento deseado.

1. Describa su nuevo plan de sistema de retroalimentación visual:
   _____
   _____
   _____

2. ¿El efecto del nuevo sistema es diferente al que aplicaba antes? Indique en particular las ventajas de su nuevo *método de influencia*:_____
   _____

Acertijo de las ardillas

La sopa de pasta fue finalmente utilizable en 1962, 19 años después de haber sido concebida. El desodorante de cabeza giratoria fue concebido en 1948. ¿Cuánto tiempo transcurrió antes de que fuera posible utilizarlo?

3 antes de mí

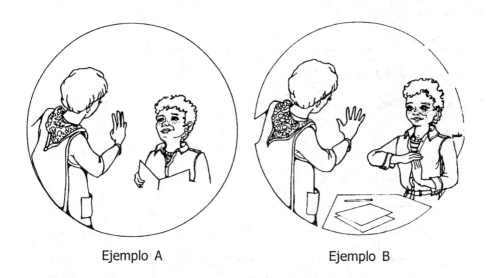

Ejemplo A   Ejemplo B

3 antes de mí es un caso de uso sistemático de señales no verbales para comunicar habilidades complicadas. Investigaciones publicadas en E.U. por la NEA indican que mediante la comunicación no verbal podemos transmitir mensajes cuya explicación verbal sería muy compleja.

Cualquier mensaje repetido con frecuencia debe ser vertido en un cartel. ¡Ahorrará usted tiempo muy valioso!

(Mi agradecimiento a Peter Bellamy, de la Escuela Carus)

Sabemos que la atmósfera más productiva para la actividad de escritorio es un ambiente "visual" en el que el control sea ejercido con un máximo de comunicación no verbal. Todo comienza con la exhibición visual de las instrucciones en el pizarrón. También sabemos que la actividad de escritorio es el momento en que podemos trabajar individualmente con los alumnos. La habilidad de esta sección se centra en el incremento de la independencia de los alumnos en lo relativo a sus actos. Así, tendrán menor necesidad de interrumpirlo, y usted podrá elegir a qué estudiantes ayudar. Esta habilidad es adecuada para alumnos de jardín de niños a 5° grado de primaria. Para aplicarla a alumnos mayores sería preciso modificarla.

Elabore un cartel con el título **3 antes de mí**. Enliste en él las tres cosas que los alumnos deben hacer antes de recurrir a usted. He aquí algunas sugerencias:

3 antes de mí	**3 antes de mí**
1. Consultar el pizarrón. 2. Consultarte a ti mismo. 3. Consultar a un compañero vecino.	1. Consultar la hoja de tareas. 2. Recordar lo que dijo el maestro. 3. Consultar a un compañero.

1. ¿Cuáles son sus *3 antes de mí*?_____

2. Invente una señal no verbal respetuosa que pueda usar rápidamente cuando un alumno se acerque a usted. Por ejemplo, muestre tres dedos al frente y encójase de hombros en señal de pregunta. De este modo, alentará a los estudiantes a reflexionar. ¿Cuál es su señal no verbal?_____

   No olvide ensayar esta señal no verbal con el grupo.

3. Invente una señal no verbal que los estudiantes puedan presentarle al acercarse a usted; por ejemplo, mostrar tres dedos. Esto le permitiría prescindir de la actividad del inciso anterior, pues indica que ellos ya han hecho la reflexión necesaria. ¿Cuál es la señal no verbal que sus alumnos utilizarán?_____

   _____

   _____

Variante

Cuando un alumno se aproxima al maestro y éste hace la señal de "alto", aquél podría indicar una emergencia formando una T con las manos, en representación de "tiempo fuera".

La mano fantasma

Casi todos hemos dormido a un bebé en brazos. Puesto que no desea apartarse de nosotros, el reto es acostarlo sin despertarlo. Si efectuamos lentamente esta transición, el bebé creerá que seguimos a su lado, como un fantasma. Esto ocurre también cuando abandonamos la cama por la mañana y no deseamos despertar a nuestra pareja. Si hacemos la transición de manera sistemática, podemos lograr que aquélla siga durmiendo pacíficamente como si nosotros siguiéramos ahí. De igual manera, en el aula podemos alejarnos de un estudiante concentrado sin que éste deje de sentir nuestra presencia.

La *mano fantasma* es un proceso de cuatro pasos.

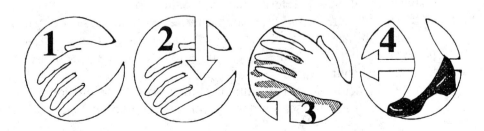

Un alumno cinestésico parecería necesitar nuestra presencia para mantenerse concentrado durante la actividad de escritorio. Pero aunque desee vivamente estas visitas individuales, debemos asistir y supervisar a todos nuestros alumnos. Así pues, ¿cómo hacer sentir nuestra presencia a la distancia?

La respuesta a esta pregunta implica que usted ya domine el *método de influencia* y sepa cómo acercarse a un estudiante concentrado para que su presencia represente un "contacto positivo". La habilidad de esta sección está diseñada para que pueda abandonar al estudiante con la sensación del contacto positivo y siga haciendo sentir su presencia a pesar de haberse retirado.

La *mano fantasma* consta de cuatro etapas:

- Intensificación del contacto
- Reducción del contacto
- Elevación
- Retiro

A causa del alto grado de complejidad de esta técnica, lea junto con un colega la descripción de las cuatro etapas, y realice después con él una dramatización de esta habilidad. La situación consiste en que un estudiante se ha distraído y usted se acerca indirectamente a él. Al detenerse junto al alumno vecino, el estudiante de su interés se concentra (vea *Distracción/Neutral/Concentración* y *Método de influencia* para más detalles).

Intensificación del contacto

a. Contacto original: De pie junto al alumno, usted se dispone a retirarse (así haya hablado con él y lo haya mirado o no). Posa una mano en su hombro (si está autorizado y es apropiado hacerlo), con los dedos levemente flexionados. Si él mueve el hombro, usted debe seguir el movimiento con el brazo, como en un baile: él puede *moverse como desee*, y la mano de usted debe seguirlo. Dado que está a punto de retirarse, mira el trabajo del alumno, preferiblemente en silencio.

b. Intensificación inicial: Intensifique ligeramente la presión de su mano, sin lastimar al alumno, desde luego. Esta intensificación no lo es del prendimiento: no junte los dedos; haga sentir el peso del contacto.

c. Intensificación adicional: Aumente un poco más la presión sin lastimar al alumno, quien debe seguir disfrutando de *plena movilidad*.

Reducción del contacto

Sin mover el torso ni, sobre todo, los pies, mire el trabajo del alumno y reduzca el contacto:

a. Retroceda en cinco segundos de la intensificación adicional a la inicial.
b. Retroceda en cinco segundos de la intensificación inicial al contacto original.
c. Retroceda en cinco segundos del contacto original al contacto leve.

Elevación

a. Retroceda en cinco segundos del contacto leve a 1 centímetro del punto de contacto con el estudiante.
b. Retroceda en cinco segundos de 1 a 30 centímetros del punto de contacto con el estudiante.
c. Lleve en cinco segundos la mano a su cuerpo.

Durante las dos etapas anteriores, mantenga inmóviles el torso y, sobre todo, los pies y mire el trabajo del estudiante.

Retiro

Retírese lentamente de tal manera que el alumno no lo perciba.

MANTENGA QUIETOS SUS PIES Y TORSO

Práctica con un colega

Su colega será el "alumno".

1. Descripción de la manera en que consiguió que el alumno pasara de la distracción a la concentración:_____
   _____
   _____

2. ¿Mantuvo inmóviles el torso y, sobre todo, los pies mientras miraba el trabajo del alumno?_____

3. Marque lo que hizo:

   Intensificación del contacto

   _____ contacto original con los dedos extendidos
   _____ intensificación inicial
   _____ intensificación adicional

   Reducción del contacto

   _____ retroceso de la intensificación adicional a la inicial
   _____ retroceso de la intensificación inicial al contacto original
   _____ retroceso *gradual* al contacto leve

   Elevación

   _____ elevación *gradual* de la mano a 1 centímetro del punto de contacto
   _____ elevación *gradual* de la mano a 30 centímetros del punto de contacto
   _____ retiro *gradual* de la mano

   Retiro

   _____ retiro *lento* para que el alumno no lo perciba

Converse con su colega. Pregúntele si sintió que su mano seguía ahí. Comenten la ejecución. Usted debe abandonar al alumno para ayudar a otros, pero éste debe permanecer concentrado gracias a que usted hace sentir su presencia aun habiéndose retirado. Estas cuatro etapas le permiten ejercer la influencia de su presencia. Intercambie papeles con su colega para experimentar la sensación de la *mano fantasma*.

Práctica en el aula

Recuerde los dos prerrequisitos del manejo eficaz: relación con el estudiante y éxito de aprendizaje de éste. Practique con un alumno poco difícil. De ser necesario, lea de nuevo la explicación de los grupos A, A y C y C (en la sección Detalles adicionales de la habilidad "Distracción/Neutral/Concentración").

1. Iniciales del alumno:_____

2. Descripción de la manera en que consiguió que el alumno pasara de la distracción a la concentración:_____
    _____

3. ¿Mantuvo inmóviles el torso y, sobre todo, los pies mientras miraba el trabajo del alumno?_____

4. Marque lo que hizo:

    Intensificación del contacto

    _____ contacto original con los dedos extendidos
    _____ intensificación inicial
    _____ intensificación adicional

    Reducción del contacto

    _____ retroceso de la intensificación adicional a la inicial
    _____ retroceso de la intensificación inicial al contacto original
    _____ retroceso *gradual* al contacto leve

    Elevación

    _____ elevación *gradual* de la mano a 1 centímetro del punto de contacto
    _____ elevación *gradual* de la mano a 30 centímetros del punto de contacto
    _____ retiro *gradual* de la mano

    Retiro

    _____ retiro *lento* imperceptible para el alumno

Descripción de los resultados de los incisos 1-4:_____
_____

Un maestro eficaz en el manejo del salón de clases es aquel que consigue que los alumnos se concentren en algo que pueden hacer muy bien.

Formularios para los compañeros
Introducción

Es absurdo suponer que los maestros pueden aprender
y aplicar por sí solos las ideas de las investigaciones
pedagógicas más recientes.

DR. RICHARD ELMORE
Universidad de Harvard
Posgrado de Pedagogía

Las estrategias no verbales para la enseñanza son un vehículo para que los educadores dejen de considerarse bastiones de poder y se conviertan en instrumentos de influencia. Aplicado al grupo de profesores de una escuela, el programa descrito en este libro pone en juego las virtudes profesionales de todos los participantes. Los maestros debemos mejorar con los recursos a nuestra disposición, y por lo tanto necesitamos sistemas que nos permitan aprovechar la riqueza de las habilidades presentes en salones de clases hasta ahora aislados. El saber colectivo de la planta docente sólo puede emerger a través del intercambio y el apoyo.

Criterios generales

Plan de estudios

Si usted actúa como asesor, podría ocurrir que, pese a que el maestro o maestra bajo observación ejecute correctamente las actividades de una hoja de habilidades específica, haya algo preocupante en su desempeño. Esto podría inducirlo a preguntarse si acaso su colega no se beneficiaría de la adopción de una perspectiva diferente sobre su desarrollo profesional. El salón de clases puede ser visto con binoculares pedagógicos. Este libro trata los aspectos de manejo del ambiente de aprendizaje, pero el otro conducto pedagógico –el plan de estudios– es igualmente importante. El maestro o maestra eficaz en el manejo del salón de clases es aquel que consigue que los estudiantes se concentren en algo que pueden hacer muy bien.

Participación voluntaria

Esperamos que el lector forme parte de una red de maestros comunicados en una escuela que ha decidido promover el desarrollo profesional de sus maestros por medio de las estrategias no verbales presentadas en este libro. El maestro o maestra observado es siempre quien debe seleccionar las habilidades, para lo cual invita a un compañero a su aula. Parto del supuesto de que, al llenar los formularios de los capítulos 6 a 10, tanto su compañero como usted ya están familiarizados con su contenido, por haber llenado previamente sus respectivos "formularios individuales".

Aun así, es probable que cuando un compañero lo invite a observarlo para llenar los formularios de los capítulos 7 a 10, usted no conozca el material correspondiente, motivo por el cual los formularios para los observadores contienen información condensada sobre el tema respectivo, la que será suficiente para permitir una observación significativa. De no ser éste el caso, antes de proceder a la observación lea e incluso ejecute las actividades del formulario individual correspondiente.

NOTA IMPORTANTE: ES RESPONSABILIDAD DEL MAESTRO OBSERVADO DISPONER EN EL AULA LA ACTIVIDAD QUE ES OBJETO DE LA VISITA. En la mayoría de los casos, bastará con una observación de 5 a 15 minutos.

Quizá algunos de los formularios no sean de su agrado. Siéntase libre de elaborar su propio código en una hoja de papel en blanco. Recuerde que el propósito es brindar retroalimentación al maestro; por lo tanto, el formulario que usted elabore debe ser de utilidad para éste.

Beneficios para el observador

Cuando usted actúe como observador, sus ideas acerca de su propio estilo de manejo del salón de clases adquirirán mayor claridad que cuando practique las habilidades de las estrategias no verbales ¿Por qué? Su responsabilidad es mucho mayor en su aula que en la de un compañero. Al enseñar, concentra su atención en el contenido, mientras que las estrategias no verbales ponen el acento en el **proceso**. En su propio salón de clases le es imposible advertir "el bosque del proceso a partir de los árboles del contenido".

Criterios generales para los asesores

Si un directivo de su escuela le pide ayudar a un maestro en el desarrollo de sus habilidades de manejo del salón de clases, recuerde que la mayor virtud de todo programa de asesoría entre compañeros es la participación voluntaria. Haga un reconocimiento al interés del directivo por contribuir al desarrollo profesional del personal docente, y de ese maestro en particular, pero explíquele después, cortésmente, que usted preferiría indagar la posibilidad de ayudar al maestro en cuestión como si se tratara de una iniciativa personal. Con ese propósito, el directivo podría sugerir al maestro de referencia que converse con usted. Aclare al directivo que toda la información y formularios de observación serán propiedad exclusiva y confidencial del maestro, no de usted mismo, y mucho menos de la dirección. El apéndice de este libro (páginas 265-290) contiene formularios para los directivos en relación con un maestro.

Lo menos recomendable *vs.* lo recomendable

En este manual sugerimos con frecuencia que el maestro o maestra ejercite el método menos recomendable y después el recomendable. Este procedimiento de contraste incita al maestro a descubrir los métodos que le ofrecen mejor resultado. Si un maestro o maestra asesorado por usted sólo desea practicar el método recomendable, respete su decisión.

Formulario individual *vs.* formulario para los compañeros

Cuando alguien le pida observarlo, recuerde que su función como asesor es contribuir a la potenciación del maestro. Para poder hacer uso en este caso de los formularios para los compañeros, es preciso que el maestro al que observará ya haya llenado el formulario individual correspondiente. De no ser así, realice una visita previa para ayudarlo a llenarlo.

Progresión de las habilidades

Le sugerimos aplicar la siguiente progresión en el aprendizaje de las habilidades de las estrategias no verbales para la enseñanza:

- Todas las habilidades de los capítulos 2 a 5 se derivan de las habilidades del capítulo 1; en consecuencia, al aprender una habilidad de los capítulos 2 a 5, aprenda también la habilidad del capítulo 1 asociada con la fase respectiva. Por ejemplo, en la fase **Captar la atención** deberá remitirse a las habilidades *Congelarel movimiento de su cuerpo* y *LEVANTE LA VOZ (haga una pausa) baje la voz* del capítulo 1 antes de practicar cualquiera de las habilidades del capítulo 2.
- Llene un formulario individual.
- Entregue a un colega el correspondiente formulario para los compañeros y pídale que lo observe.

- Practique todas las habilidades de su interés de un capítulo dado.
- Persista en el procedimiento de llenar un formulario individual y pedir después a un colega que llene el correspondiente formulario para los compañeros hasta que haya cumplido sus metas.
- Llene después la lista de comprobación del capítulo respectivo, incluida en el apéndice.
- Finalmente, pida a un colega llenar por su parte la misma lista de comprobación.

Habilidades aplicables a varias fases

Aunque las 31 habilidades contenidas en este libro pertenecen en todos los casos a una fase específica de la impartición de una lección, varias de ellas son aplicables a más de una fase. Por ejemplo:

- *Luz amarilla* es aplicable tanto a **Enseñanza** como a **Actividad de escritorio**.
- *Incremento de señales no verbales*, a las cuatro fases de una lección.
- *Empalme*, a **Enseñanza** y **Actividad de escritorio**.
- *El lado opuesto del salón*, a **Enseñanza** y **Actividad de escritorio**.
- *Aproximación verbal a alumnos inaccesibles*, a **Enseñanza** y **Actividad de escritorio**.
- *Paso lento*, a **Enseñanza** y **Transición a la actividad de escritorio**.
- *Reforzamiento positivo*, a **Enseñanza** y **Actividad de escritorio**.
- Prácticamente todas las habilidades de la tercera fase, *Transición a la actividad de escritorio*, son aplicables a la **Actividad de escritorio**.

Retroalimentación

El salón de clases es en muchos sentidos dominio privado de la maestra o maestro a cargo. Por lo tanto, condúzcase apropiadamente al observar. Intente sumergirse en el ambiente; no fije su atención en sí mismo. La observación sin ofrecimiento de retroalimentación es una excelente oportunidad de aprendizaje para el visitante. En estas circunstancias, a veces aprendemos y vemos más que en nuestra aula. Esto es comparable a la experiencia de viajar: advertimos diferencias en un lugar nuevo, y al volver a casa podemos experimentar más vívidamente la práctica "común". Los maestros observados, en cambio, aprenden de la retroalimentación. A la manera de los viajeros respetuosos, debemos observar el salón de clases no desde nuestro etnocéntrico punto de vista, sino como invitados. Los formularios de los capítulos siguientes están diseñados para evitar juicios, evaluaciones y hasta elogios. El colega ha solicitado nuestra presencia con un objetivo preciso en mente. MANTÉNGASE DENTRO DE ESOS PARÁMETROS. Es recomendable que la retroalimentación sea inmediata. Lo ideal es que el maestro observado asigne trabajo a los estudiantes y no esté disponible para ellos de 5 a 10 minutos. Tanto maestro como observador deben permanecer en el salón de clases. Así, el episodio de observación debería consistir en lo siguiente:

- de 5 a 15 minutos de observación
- de 5 a 10 minutos de retroalimentación

Cerciórese de disponer de tiempo suficiente en general, de tiempo suficiente tanto para la observación como para la retroalimentación, de los formularios adecuados y de cualquier otra información pertinente. Si no es posible efectuar la retroalimentación de inmediato, ofrézcala a la primera oportunidad. Hágalo en privado; el comedor de maestros no sería precisamente el lugar más indicado.

Conclusión de la retroalimentación

El propósito fundamental de toda forma de asesoría es el desarrollo profesional. Para un asesor, la clave es cómo potenciar al maestro o maestra observado. Nuestra meta como asesores debe ser contribuir al progreso del maestro por sí mismo; de lo contrario, favoreceremos inadvertidamente la dependencia.

Al concluir la retroalimentación, formule preguntas que estimulen a la maestra o maestro a reflexionar por su cuenta a largo plazo. Por ejemplo:

¿En qué grado crees dominar esta habilidad?
¿Qué harás para cimentar esta habilidad?
¿En qué posición se halla esta habilidad en relación con las demás habilidades de la misma fase de una lección?
¿Qué complementación o refuerzo ofrece esta habilidad a las demás habilidades que ya dominas?
¿Cuál es tu siguiente meta de desarrollo profesional? ¿Qué harás específicamente para cumplirla?

Legalidad

En respeto a los derechos legales del autor de este libro, el propietario de este ejemplar está autorizado a copiar y utilizar todas y cada una de sus páginas para su uso exclusivamente personal. Esto incluye:

- los "formularios individuales" de los capítulos 1 a 5.
- los formularios de los capítulos 6 a 10, los cuales habrán de ser llenados por un compañero que lo observe a usted, el que quizá no posea un ejemplar de este libro.
- los formularios de los capítulos 6 a 10 llenados por usted al observar a un compañero. En este caso, el propósito es que usted practique sus habilidades como observador, de manera que no haga sus observaciones del conocimiento de la persona observada si ésta no se lo solicita.

Capítulo seis

Las siete estrellas-guía

*En el contexto de las estrategias no verbales para la enseñanza,
un compañero apoya el desarrollo profesional de sus colegas
y les permite decidir el área correspondiente*

Puesto que las **siete estrellas-guía** abarcan las cuatro fases de una lección, son más importantes que el resto de las habilidades de las estrategias no verbales para la enseñanza Por lo tanto, aliéntense unos a otros a dominar las **siete estrellas-guía** antes de practicar las demás habilidades. En muchos casos, las técnicas de los capítulos 7 a 10 son variantes del capítulo 6. LEA Y REALICE LAS ACTIVIDADES DE ESTE CAPÍTULO ANTES QUE CUALQUIER OTRO.

Notas sobre las siete estrellas

Congelar el movimiento de su cuerpo: Al igual que en todas las demás habilidades, permita al maestro o maestra practicar esta técnica en la forma menos recomendable y después en la recomendable. Esto hará posible que descubra por sí mismo la práctica más adecuada para él.

LEVANTE LA VOZ (haga una pausa) baje la voz: Explore con el maestro o maestra en qué circunstancias seguir el método de **levantar la voz** por encima del volumen colectivo del grupo, hacer una **pausa** y **bajar la voz** en forma directa o gradual.

Levantar la mano o responder: Ayude al maestro o maestra a identificar y emplear en forma coherente tanto habilidades verbales como gestos no verbales en las tres modalidades: "Sólo habla usted", "Los alumnos levantan la mano" y "Habla el primer alumno que cree saber la respuesta". La técnica para el manejo de estas modalidades es compleja, de manera que sería conveniente entablar una conversación sobre las consecuencias de cada una de ellas.

Instrucciones de salida: Inste al maestro o maestra a escribir entre 6 y 30 carteles que contengan las instrucciones de uso más frecuentes en clase.

Los 20 segundos más importantes: Cronometre con el segundero de su reloj la duración de la pausa de la maestra o maestro. La mayoría de los profesores consideran excesivo el período sugerido. Insista al maestro o maestra que su paciencia durante la pausa es benéfica para los alumnos, a quienes ésta les parecerá mucho más breve.

Distracción/Neutral/Concentración: La mayoría de las habilidades de las estrategias no verbales para la enseñanza son habilidades para el manejo del grupo. Esta y la siguiente habilidad implican la manera en que el maestro o maestra interactúa con los estudiantes en lo individual. Admita de antemano que el maestro o maestra conoce las circunstancias de sus alumnos mejor que usted.

Método de influencia: Cerciórese de que el maestro domine la habilidad anterior antes de practicar esta.

Congelar el movimiento de su cuerpo

Durante una lección, generalmente alternamos entre la realización de actividad de escritorio y el aprendizaje cooperativo por los alumnos y captar la atención de éstos para impartirles instrucciones directas. Durante un período dado de 15 minutos, solicitamos hasta tres veces la atención del grupo.

Congruencia

¿Qué ocurre en caso de que el maestro acompañe su mensaje verbal de ALTO con un mensaje no verbal de MOVIMIENTO? Al pedir a los alumnos interrumpir lo que están haciendo, fijarán la mirada en el maestro; y si éste está caminando, percibirán una contradicción y no interrumpirán lo que estaban haciendo.

Lo menos recomendable vs. lo recomendable

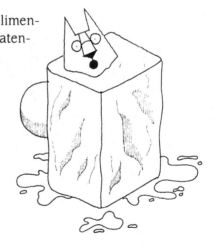

El maestro o maestra necesita retroalimentación sobre las diferencias entre la atención del grupo cuando SE MUEVE y cuando **no se mueve** al solicitarla. Así en esta actividad aquél deberá pedir a los alumnos trasladar su atención de la actividad de escritorio y el aprendizaje cooperativo a sí mismo al menos tres o cuatro veces durante un período de 10 a 15 minutos. Si sólo pide dos cambios de atención, únicamente practicará los incisos 2A y 3A.

OBSERVADOR:_____

1. Haga una lista de las expresiones que el maestro emplea más a menudo para solicitar la atención de sus alumnos._____
_____
_____

Lo menos recomendable

2A. El maestro se moverá intencionalmente mientras indica ALTO en forma verbal a los alumnos. Describa la reacción del grupo a la solicitud del maestro:_____
_____
_____

2B. El maestro volverá a moverse intencionalmente mientras indica ALTO en forma verbal a los alumnos. Describa la reacción del grupo a la solicitud del maestro:_____
_____
_____

Lo recomendable

3A. El maestro le señalará no verbalmente a usted que en esta ocasión no se moverá al indicar ALTO a los alumnos. Describa la reacción del grupo a la solicitud del maestro:_____
_____
_____

3B. El maestro volverá a congelarse al indicar ALTO a los alumnos. Describa la reacción del grupo a la solicitud del maestro:_____
_____
_____

Describa la diferencia entre lo que ocurre cuando el maestro indica verbalmente ALTO pero no deja de moverse y cuando realiza la misma solicitud *sin moverse*:
_____
_____
_____

LEVANTE LA VOZ
(haga una pausa) baje la voz

Hay muchas maneras de atraer la atención de un grupo. Las dos recomendaciones que el maestro o maestra ha practicado son HACER UNA PAUSA una vez que a atraído la atención de los alumnos y bajar la voz tras volver a hablar después de la PAUSA.

El maestro o maestra necesita retroalimentación sobre la diferencia en el grado de atención del grupo cuando aplica las recomendaciones y cuando no las aplica. Dispondrá la lección en tal forma que, durante la visita de 10 a 15 minutos de usted, solicite la atención del grupo al menos de tres a cuatro veces. Si sólo la solicita dos veces, realizará únicamente los incisos 2A y 3A.

OBSERVADOR:_____

Baje la voz

Fecha de la observación:_____

1. Haga una lista de las expresiones que el maestro emplea más a menudo para solicitar la atención de sus alumnos._____
_____

Lo menos recomendable

2A. Intencionalmente, el maestro no hará una pausa o no reducirá el volumen de su voz tras solicitar la atención del grupo con una de sus expresiones habituales. Como observador, usted describirá las dos o tres oraciones de las que se sirva el maestro para solicitar la atención del grupo (sin hacer una pausa o bajar la voz). Describa el grado de atención del grupo:_____
_____

2B. Intencionalmente, el maestro no hará de nueva cuenta una pausa o no reducirá el volumen de su voz tras solicitar la atención del grupo con una de sus expresiones habituales. Como observador, usted describirá las dos o tres oraciones de las que se sirva el maestro para solicitar la atención del grupo (sin hacer

☞

---

una pausa o bajar la voz). Describa el grado de atención del grupo: _____

_____

Lo recomendable

3A. El maestro le señalará a usted en forma no verbal que esta vez hará una PAUSA tras atraer la atención de los alumnos y después bajará la voz. Ejecutará este procedimiento dos veces. Describa el grado de atención del grupo: _____

_____

_____

Comente con el maestro la diferencia entre lo que ocurre cuando no hace una PAUSA y mantiene en alto el volumen de su voz y cuando hace una PAUSA y baja la voz.

Escenario del peor día imaginable

El maestro o maestra ha practicado las habilidades anteriores para días escolares regulares. También ha practicado una técnica modificada para días del hemisferio derecho del cerebro (la semana anterior a las vacaciones de invierno, el día de la clase de pintura, etcétera). En esos días, su llamada de atención debe estar por encima del volumen colectivo del grupo y debe ser rápida para impactar o interrumpir al grupo. Llegado ese punto, la duración de la PAUSA y lo que ocurra después implica una sofisticada habilidad de sentido de la oportunidad. El maestro o maestra dispone de un breve instante para conducir al grupo al contenido. Tiene dos opciones: bajar abrupta o gradualmente la voz.

La reducción gradual del volumen de su voz será a veces su única salvación, pero le exigirá mayor disciplina y control, pues deberá reducir la voz a su volumen normal y después a un volumen bajo. Tanto para bajar la voz como para reducirla gradualmente, es recomendable que prolongue sus expresiones, hable lentamente y adopte un timbre suave. Obligará de este modo al grupo a disponerse a escuchar.

1₀ BAJAR LA VOZ

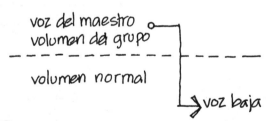

voz del maestro
volumen del grupo

--- --- --- --- --- ---

volumen normal

voz baja

2₀ BAJAR GRADUALMENTE LA VOZ

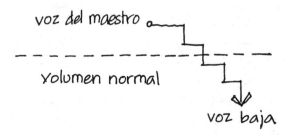

voz del maestro

--- --- --- --- --- ---

volumen normal

voz baja

OBSERVADOR:_____

Baje gradualmente la voz

1. El maestro o maestra lo ha invitado a observar porque prevé que el grupo será más ruidoso que de costumbre, por tratarse de un día del hemisferio derecho.

Fecha de la observación:_____

Maestro o maestra y observador han identificado las siguientes condiciones como la causa de que éste sea un día del hemisferio derecho:_____

_____

_____

2. El maestro o maestra aplicará primeramente el procedimiento de bajar la voz en un solo paso. Si con esta técnica no atrae la atención del grupo, optará por el método de reducción gradual. Usted observará cuál de las comunicaciones no verbales del maestro es más eficaz. Describa específicamente los efectos de la conducta del maestro en el grado de atención del grupo.

Descripción: _____

_____

_____

_____

_____

_____

_____

_____

Comente con el maestro cuándo podrían ocurrir días del hemisferio derecho en las semanas siguientes.

_____

_____

_____

_____

Levantar la mano o responder

Durante la porción de **Enseñanza** de una lección, el educador decide si transmitir información a través de una exposición o de la interacción con el grupo. Son tres la modalidades para la fase de enseñanza de una lección, y tres también los niveles para comunicarlas a los alumnos:

MODALIDADES:	Sólo habla usted	Los alumnos levantan la mano	Habla el primer alumno que cree saber la respuesta
NIVELES:			
Verbal:	"Escuchen." "¡Atención!"	"Alce la mano quien…"	"¿Quién puede decirme…?"
No verbal:	usted se señala a sí mismo, con la mano al frente en indicación de "alto".	usted pone el ejemplo levantando la mano.	usted hace un gesto que abarque al grupo y concluya en sí mismo.
Impulso:	(Ocurre una vez que aplica la misma modalidad durante varias veces consecutivas.) El maestro le pedirá retroalimentación sobre su manejo de estas modalidades en los diferentes niveles. Familiarícese con las estrategias recomendadas para tal manejo.		

El método más eficaz

El **método más eficaz** para aplicar cualquier modalidad consiste en el empleo simultáneo del nivel verbal y un gesto. Cada vez que el maestro opte por una nueva modalidad, considerará la posibilidad de emitir juntos los mensajes verbal y no verbal.

El mejor procedimiento

El **mejor procedimiento** es emplear inicialmente los niveles verbal y no verbal al mismo tiempo durante al menos dos veces consecutivas, y después eliminar el nivel verbal y conservar únicamente el no verbal. Esto rinde numerosos subproductos: el grupo guarda silencio, agudiza su capacidad visual y se mantiene atento al maestro, mientras que éste reserva su voz para la exposición del tema o el reforzamiento positivo.

La técnica más adecuada

La **técnica más adecuada** consiste en pasar de los niveles verbal y no verbal a únicamente el no verbal y finalmente a la eliminación de éste, así como advertir si el grupo permanece en la modalidad en operación.

Tenga cuidado cuando...

El maestro o maestra debe **tener especial cuidado** al pasar de la modalidad "Habla el primer alumno que cree saber la respuesta" a la de "Sólo habla usted" o "Los alumnos levantan la mano"; para hacerlo, deberá bajar la voz y no moverse. En otras palabras, no le será difícil ir de izquierda a derecha en el diagrama, pero deberá ser cuidadoso al seguir la dirección contraria.

OBSERVADOR:_____

Cuando se entreviste con el maestro o maestra antes de la observación, deberá solicitarle que le indique cuál es su estilo en lo referente a los niveles verbal y no verbal. Llene el siguiente diagrama
para que pueda distinguir estos niveles

MODALIDADES:	Sólo habla usted	Los alumnos levantan la mano	Habla el primer alumno que cree saber la respuesta
Verbal:	_____	_____	_____
	_____	_____	_____
No verbal	_____	_____	_____
	_____	_____	_____
	_____	_____	_____

La práctica habitual

Entrevístese con el maestro o maestra para saber cuáles son las
modalidades y niveles que emplea normalmente..._____
_____
_____
_____

Práctica de nuevos hábitos

...y cuáles son los nuevos:_____
_____
_____
_____

Al hablar con el maestro o maestra, usted sabrá qué estrategias
recomendadas practicará, mismas sobre las que necesitará retroalimentación; así, hemos incluido a continuación las cuatro estrategias
recomendadas.

OBSERVADOR:_____

Estrategias

A continuación aparecen las cuatro estrategias recomendadas. Marque aquellas que el maestro o maestra realice durante la observación. Asimismo, describa la comunicación verbal y no verbal empleada.

El método más eficaz

El maestro empleará mensajes verbales y no verbales al iniciar cada modalidad.

Fecha de aplicación:_____

Describa los resultados:

Sólo habla usted:_____
_____

Los alumnos levantan la mano:_____
_____

Habla el primer alumno que cree saber la respuesta:_____
_____

El mejor procedimiento

El maestro empleará mensajes verbal y no verbal al iniciar una modalidad. Tras proceder así dos o tres veces, eliminará el mensaje verbal y conservará únicamente el no verbal. Describa durante cuánto tiempo el maestro tuvo que emplear juntos los mensajes verbal y no verbal antes de que le fuera posible eliminar el verbal y conservar únicamente el no verbal:

Sólo habla usted:_____
_____

Los alumnos levantan la mano:_____
_____

☞

OBSERVADOR:_____

Habla el primer alumno que cree saber la respuesta:_____

_____

La técnica más adecuada

El maestro emitirá juntos los mensajes verbal y no verbal, después eliminará el verbal y finalmente eliminará también el no verbal. Describa durante cuánto tiempo el maestro tuvo que emplear únicamente el gesto no verbal antes de que le fuera posible eliminarlo sin que el grupo abandonara la misma modalidad:

Sólo habla usted:_____

_____

Los alumnos levantan la mano:_____

_____

Habla el primer alumno que cree saber la respuesta:_____

_____

Tenga cuidado cuando...

La secuencia más delicada para la mayoría de los educadores es la reducción progresiva de la participación de los estudiantes. La más volátil es el paso directo de "Habla el primer alumno que cree saber la respuesta" a "Sólo habla usted"; la progresión de "Habla el primer alumno que cree saber la respuesta" a "Los alumnos levantan la mano" y finalmente a "Sólo habla usted" es más sencilla. Al inducir el paso de mayor a menor participación de los alumnos, es recomendable que el maestro baje la voz e inmovilice su cuerpo. Registre cómo maneja el maestro estas transiciones. Indique cómo respondió el grupo:_____

_____

_____

_____

_____

_____

Instrucciones de salida

Al terminar la exposición de una porción de una lección, el maestro o maestra suele impartir un conjunto de instrucciones para informar al grupo sobre los deberes que habrá de realizar durante la actividad de escritorio, en calidad de tarea o ambas cosas. Las instrucciones indican una reducción en la disponibilidad del maestro, motivo por el cual las llamamos **Instrucciones de salida**. Cuando el maestro las escribe en el pizarrón, proporciona una representación visual estable de lo que dijo.

Mayor claridad

Las *instrucciones de salida* visuales dan mayor claridad al mensaje y duplican el alcance de la memoria. Esto libera al maestro, desde luego, de la obligación de repetir como loro lo que dijo, y le permite asistir personalmente a los alumnos durante el segmento de actividad de escritorio de la lección.

El maestro o maestra lo ha invitado para que le ofrezca retroalimentación sobre tres aspectos de las *instrucciones de salida*.

Observe

1. Cuán completa es la información provista
2. El empleo de señales no verbales
3. El uso real o potencial de carteles

OBSERVADOR:_____

1. Comente cuán completa es la información provista, en referencia
    en particular a cuándo, dónde, qué y cómo hacer lo solicitado, así
    como a qué hacer al terminar. Si los estudiantes tienen pregun-
    tas, advierta si el maestro o maestra los remite a la información
    visual en el pizarrón. Mediante la observación de las reacciones
    de los alumnos, usted podrá deducir cuán claro y sistemático ha
    sido el maestro:_____

Empleo de señales no verbales

2. La mejor manera de que los alumnos distingan qué información,
    entre toda la vaciada en el pizarrón, corresponde a las instruccio-
    nes de salida es que el maestro sea sistemático en la ubicación
    de esa información y en el modo de presentarla (color de gis y
    tipo de letra utilizados). Algunos maestros de educación básica
    emplean diferentes colores para diferentes materias; el azul para
    matemáticas, por ejemplo. Describa los métodos no verbales
    que aplica el maestro para que, al volver a la Tierra, incluso un
    estudiante ensoñador sepa qué información del pizarrón corres-
    ponde a las instrucciones de salida:_____

Elaboración de carteles

3. Los maestros no suelen disponer de tiempo para escribir toda la
    información detallada en el inciso 1. Así, pueden elaborar un
    cartel con la información regular. A veces la misma información
    es usada de la misma manera muchas veces. Otras, conviene
    dejar en el cartel espacios en blanco para escribir información
    específica. El maestro puede emplear un cartel para cada mate-
    ria, de ser el caso. Comente la eficacia de este recurso y si sería
    posible vaciar en carteles información adicional._____

Si el maestro lo desea, podría hacer un experimento para contrastar
entre las sugerencias anteriores y las tradicionales instrucciones de
trabajo exclusivamente orales. De proceder así, comente con él la
duración del período para concluir las instrucciones, el número de
veces en que fue necesario repetir la misma información, el nivel
general de satisfacción o insatisfacción del grupo y, finalmente, qué
ocurre cuando los alumnos ensoñadores vuelven a la Tierra y desean
saber qué hacer.

Los veinte segundos más importantes (VESMI)

Cuando el maestro termina de dar instrucciones y los alumnos están a punto de iniciar la actividad de escritorio, es conveniente que realice una transición de la ayuda grupal a la individual. Esta transición consiste en la combinación de *instrucciones de salida* visuales y mostrar la expectativa de que los alumnos se concentren. El ambiente de trabajo más productivo, sea que los alumnos trabajen individualmente o en equipo (con el aprendizaje cooperativo, por ejemplo), es el ambiente visual, una atmósfera deliberada de trabajo, a menudo silenciosa –aunque no necesariamente. He aquí las sugerencias para poner el ejemplo de este ambiente visual.

Ambiente visual

1. El maestro lee las *instrucciones de salida*.
2. Pregunta a los alumnos si tienen dudas. Si las hay, escribe las respuestas o información adicionales en el pizarrón además de contestar oralmente.
3. Indica a los estudiantes que inicien sus labores, con expresiones como "Ya pueden comenzar".
4. Los *veinte segundos más importantes (VESMI)*: el maestro no se mueve durante 20 segundos para mostrar a sus alumnos cuán silenciosos y concentrados desea que estén. Si alguno de ellos solicita ayuda levantando la mano o hablando, el maestro mantiene la vista en el grupo, permanece inmóvil e indica a aquél con gestos manuales que estará con él en unos segundos. Algunos maestros de educación básica se colocan durante los VESMI en el centro de un aro. Los alumnos cinestésicos que buscan ayuda recuerdan con ese recurso físico que el maestro aún no está disponible.
5. El maestro se desplaza lentamente hacia cada alumno que necesita ayuda.

Lo menos recomendable *vs.* lo recomendable

El maestro dispondrá que la transición de la instrucción directa a la actividad de escritorio independiente ocurra durante los 5 a 10 minutos de la estancia del observador en el aula. Podrá utilizar la técnica recomendada o la no recomendable. Si el observador realizará varias visitas, el maestro hará lo no recomendable en una y lo recomendable en la otra. Este contraste permitirá al observador proporcionar retro-alimentación sobre la eficacia del método recomendado.

OBSERVADOR:_____

Fecha de la observación:_____

Sí/No   1. El maestro aplica el método recomendado.

Sí/No   2. Imparte visualmente las instrucciones de trabajo.

Sí/No   3. Pregunta si hay dudas.

Sí/No   Escribe en el pizarrón la información adicional.

Sí/No   4. Emplea una señal verbal para indicar a los estudiantes que inicien sus labores.

Sí/No   5. Ejecuta los Vesmi (20 segundos más importantes) sin moverse, mantiene su orientación al grupo (no a los individuos) y señala en forma no verbal a los alumnos que le solicitan ayuda que estará con ellos en un momento.

Sí/No   6. Se desplaza lentamente junto a cada alumno que necesita ayuda.

Lo menos recomendable

Si el maestro optó por el método menos recomendable, comente con él o ella los efectos de sus acciones en la respuesta de los alumnos._____

_____

_____

_____

Lo recomendable

Si eligió el método recomendable, comente con él o ella los efectos de sus acciones en la respuesta de los alumnos._____

_____

_____

_____

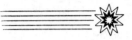 # Distracción/Neutral/Concentración

El maestro o maestra ya practicó este concepto y llenó el formulario individual correspondiente.

Algunos alumnos que se distraen a menudo dejan de respirar cuando el maestro se acerca a ellos, pero vuelven a respirar y a distraerse cuando éste se aleja.

Distracción/Neutral/Concentración

Identificaremos a estos alumnos como de "distracción a neutral a distracción". En un grupo suele haber de dos a cuatro estudiantes de este tipo. Puesto que el maestro aprende una nueva habilidad, no seleccionará para esta actividad a sus alumnos más difíciles, sino a alumnos poco difíciles.

Durante un período dado de actividad de escritorio, el maestro o maestra se acercará intencionalmente a los alumnos elegidos en forma precipitada y amenazadora, mientras usted advertirá si dejan de respirar. El maestro permanecerá poco tiempo, y usted observará si los estudiantes vuelven a distraerse en cuanto aquél se retira.

OBSERVADOR:_____

Lo menos recomendable

Describa cuánto tiempo permaneció el maestro, cuál fue el patrón de respiración del alumno y cuánto tiempo tras haberse retirado aquél el alumno volvió a distraerse.

Iniciales o descripción del **primer alumno:**_____

Descripción de la aproximación y duración de la estancia del maestro:_____

_____

Descripción del patrón de respiración del alumno y de la duración de su nuevo período de distracción:_____

_____

Iniciales o descripción del **segundo alumno:**_____

☞

OBSERVADOR:_____

Descripción de la aproximación y duración de la estancia del maestro:_____

_____

Descripción del patrón de respiración del alumno y de la duración de su nuevo período de distracción:_____

_____

Iniciales o descripción del **tercer alumno:**_____

Descripción de la aproximación y duración de la estancia del maestro:_____

_____

Descripción del patrón de respiración del alumno y de la duración de su nuevo período de distracción:_____

_____

Durante el mismo período de actividad de escritorio, el maestro o maestra se acercará lentamente a los estudiantes elegidos y permanecerá a su lado hasta que vuelvan a respirar y se concentren en su labor. ES IMPERATIVO QUE, ANTES DE QUE EL MAESTRO SE RETIRE, EL ALUMNO SE HAYA CONCENTRADO Y RESPIRADO AL MENOS DOS VECES. Cuando el maestro se aleje lentamente, advierta si lo hace por detrás de los alumnos para que no se den cuenta de su ausencia. Describa el ritmo de aproximación del maestro, la duración de su estancia al lado de los alumnos hasta que vuelvan a respirar y concentrarse, si el maestro se retiró por detrás de ellos y cuánto tiempo estuvieron concentrados tras haberse retirado aquél.

Durante el comentario, indique al maestro o maestra qué otros alumnos podrían beneficiarse de estas técnicas.

OBSERVADOR:_____

Lo recomendable

Describa cuánto tiempo permaneció el maestro o maestra con el alumno, cuál fue el patrón de respiración de éste y cuánto tiempo después de haberse retirado aquél el alumno se mantuvo concentrado.

Iniciales o descripción del **primer alumno:**_____

Descripción de la aproximación y duración de la estancia del maestro:_____
_____

Descripción del retiro del maestro y de la duración del período de concentración del alumno:_____
_____

Iniciales o descripción del **segundo alumno:**_____

Descripción de la aproximación y duración de la estancia del maestro:_____
_____

Descripción del retiro del maestro y de la duración del período de concentración del alumno:_____
_____

Iniciales o descripción del **tercer alumno:**_____

Descripción de la aproximación y duración de la estancia del maestro:_____
_____

Descripción del retiro del maestro y de la duración del período de concentración del alumno:_____
_____

Método de influencia

Es IMPERATIVO que tanto el maestro o maestra como el observador hayan concluido las actividades de las hojas de habilidades *Distracción/Neutral/Concentración* y el "formulario individual" correspondiente antes de iniciar esta sección.

El maestro o maestra practicará el empleo de in*fluencia* en lugar del poder. Daría la impresión de que el maestro que recurre al poder se siente personalmente amenazado por el alumno inadecuado, y procede por lo tanto a una intervención de "confrontación". El maestro o maestra que se sirve de la *influencia* distingue en cambio entre el alumno o alumna como persona y su conducta, y dirige la atención a la labor. ¿Por qué esto es tan importante? Hemos sugerido que un creciente número de alumnos carecen en su hogar de suficiente contacto humano con adultos. Sabemos que los estudiantes prefieren el contacto positivo, pero, de no conseguirlo, buscan cualquier clase de contacto, lo cual es mejor que nada. El deseo de estos alumnos es causar problemas con objeto de establecer contacto con un adulto. Un poeta dijo: "Los niños consiguen siempre nuestra atención, pero el hecho de que ésta sea positiva o negativa depende de cuán pronto y a menudo se la concedamos." Esta sección persigue combatir el "síndrome del reforzamiento negativo".

A la distancia

La meta es lograr que el maestro esté lo más lejos posible del alumno sin por ello perder el control de la situación, pues cuanto menos cerca se encuentre del alumno, más se convencerá éste de que debe su concentración a su propio esfuerzo, no a la presencia del maestro. Esto es verdadera *INFLUENCIA*.

Al registrar la interacción indirecta entre el maestro y los dos alumnos seleccionados, el observador deberá prestar particular atención a los indicios de in*fluencia*, aunque también a las percepciones del maestro. Éste conoce a los alumnos mejor que el observador, y sabe cuánta influencia ejercer en comparación con lo normal.

Influencia indirecta

1. El maestro se acerca al estudiante sin mirarlo (a 45 grados de su rostro, por ejemplo).
2. Tan pronto como el alumno deja de distraerse, HACE UNA PAUSA.
3. Mira el trabajo del alumno vecino mientras observa periféricamente (indirectamente) al alumno distraído, para saber si ha pasado del estado neutral al de concentración. Aguarda a que respire, indicación de que ha pasado del estado neutral al de concentración. Si, en cambio, vuelve a distraerse, se acerca más de inmediato.
4. En cuanto el alumno se haya concentrado y respirado dos veces, el maestro se acerca a su lado. Tiene muchas opciones en ese momento: hablar o no, hacer contacto visual con el alumno o sólo mirar su trabajo, etcétera. Decidirá lo que considere mejor para evitar el "síndrome del reforzamiento negativo" y conseguir un "contacto positivo", axioma que aplicará al experimentar.

OBSERVADOR:_____

Lo recomendable

El maestro ha seleccionado a dos alumnos con los que desea practicar esta técnica. Recuerde que a aquél le es más fácil aprender una nueva habilidad practicando con alumnos "poco difíciles", no "muy difíciles", grupo este último para que el que requiere de un mayor desarrollo de su sentido de la oportunidad.

Primer alumno

Iniciales o descripción del primer alumno:_____

1. El maestro se acerca indirectamente a él. ¿A qué distancia estaba de él cuando el alumno pasó de la distracción a al menos el estado neutral?_____

   _____

   _____

   _____

2. Describa qué le indicó al maestro que el alumno había pasado de la distracción al estado neutral (de ser posible, haga referencia a la respiración de éste)._____

   _____

   _____

   _____

3. El maestro esperó a que el estudiante respirara. Si éste volvió del estado neutral al de distracción, describa qué hizo aquél:_____

   _____

   _____

   _____

4. El alumno se concentró y respiró dos veces. Describa qué hizo el maestro para cumplir la meta del "contacto positivo":_____

   _____

   _____

   _____

Segundo alumno

Iniciales o descripción del segundo alumno:_____

1. El maestro se acerca indirectamente a él. ¿A qué distancia estaba de él cuando el alumno pasó de la distracción a al menos el estado neutral?_____

   _____

   _____

2. Describa qué le indicó al maestro que el alumno había pasado de la distracción al estado neutral (de ser posible, haga referencia a la respiración de éste)._____

   _____

   _____

3. El maestro esperó a que el estudiante respirara. Si éste volvió del estado neutral al de distracción, describa qué hizo aquél:_____

   _____

   _____

4. El alumno se concentró y respiró dos veces. Describa qué hizo el maestro para cumplir la meta del "contacto positivo":_____

   _____

   _____

Acertijo de las ardillas

El desodorante de cabeza giratoria fue finalmente utilizable en 1955, 7 años después de haber sido concebido. El nailon fue concebido en 1927. ¿Cuánto tiempo transcurrió antes de que fuera posible utilizarlo?

Capítulo siete

Captar la atención

La ejecución es la carroza del genio.

William Blake

Notas sobre las habilidades específicas

Cómo refinar la habilidad "Congelar el movimiento de su cuerpo": Cada maestro o maestra determinará a su manera los detalles adicionales que le sean más útiles. Acepte como observador sus indicaciones a este respecto.

Instrucciones visuales iniciales: Ésta es una habilidad de emergencia; por lo tanto, el asesor debe contar con la autorización explícita del maestro acerca de la invitación a un compañero para que lo observe en la práctica de esta habilidad. El observador debe ser especialmente amable en su retroalimentación.

Oraciones incompletas: Ésta es una de las técnicas más fáciles de las 31 que conforman las estrategias no verbales para la enseñanza. Aliente al maestro o maestra a emplearla siempre que sea conveniente. Ponga particular atención en la incorporación de *Cambie de posición y respire.*

Comentarios positivos: Esta habilidad está diseñada para maestros de educación básica. No es tan genérica como las demás.

Descontaminación del salón de clases: Esta habilidad ha sido sistemáticamente considerada como la más benéfica de las estrategias no verbales En realidad merecería ser incluida en las siete estrellas. Aliéntense uno a otro a perfeccionarla. Recuerde al maestro o maestra que cuando emplee esta técnica para disciplinar, debe destinarla al grupo, no a individuos.

Cambie de posición y respire: Ésta es mi habilidad preferida y la principal técnica de control de la tensión de las estrategias no verbales Puesto que el maestro o maestra no podrá "programar" una situación disciplinaria, repare en el surgimiento de una situación de este tipo durante la observación de otra habilidad. Sin embargo, ofrezca retroalimentación sólo si el maestro o maestra toca el tema.

Luz amarilla: El maestro utilizará a menudo el aprendizaje cooperativo como parte de la **fase de Enseñanza** de la lección. Esta técnica es sumamente útil en la transición en la que los alumnos vuelven a dirigir su atención al profesor.

Recordatorio sobre el género

También en este capítulo he intentado, en la medida de lo posible, emplear los términos "maestro o maestra" y "alumno o alumna".

Cómo refinar la habilidad
"Congelar el movimiento de su cuerpo"

El maestro o maestra experimentará para saber si algunas de estas técnicas complementarias de *Congelar el movimiento de su cuerpo* incrementan la celeridad y facilidad con que el grupo debe prestar atención cuando el profesor lo solicita. Tales técnicas son:

Técnicas complementarias

- Colocarse al frente del salón
- Dirigir al frente las puntas de los pies
- Apoyarse firmemente en ambos pies
- Dar instrucciones breves

Días de hemisferio derecho

Puesto que *Congelar el movimiento de su cuerpo* es una variable muy poderosa, quizá estas técnicas adicionales no hagan mayor diferencia. ¿Qué sentido tiene entonces practicarlas? Hay dos razones: descubrir si aportan algo importante y aumentar la eficacia de *Congelar el movimiento de su cuerpo* en los días de hemisferio derecho (los inmediatamente anteriores al fin de semana, el día de la clase de pintura, etcétera).

Dado que estas habilidades complementan la de *Congelar el movimiento de su cuerpo*, el maestro o maestra deberá mantenerse inmóvil al practicarlas para que sea posible identificar y determinar el impacto de cada variable.

El maestro o maestra captará la atención de los alumnos al menos tres o cuatro veces durante la visita de 15 minutos del observador. Si sólo le es posible solicitar la atención del grupo en dos ocasiones, cubrirá únicamente los incisos 2A y 3A.

OBSERVADOR:_____

1. El maestro determinará con cuál de las técnicas no verbales mencionadas –"lugar", "puntas de los pies", "peso" y "duración"– desea experimentar. Podría elegir las cuatro si lo desea. La técnica o técnicas seleccionadas son:

Lo menos recomendable

2A. El maestro ejecutará intencionalmente las habilidades complementarias que seleccionó en el inciso 1 en forma contraria a la recomendable. Por ejemplo: no se colocará al frente del salón, dirigirá a un lado las puntas de los pies, se apoyará más en una pierna que en otra (llevándose una mano a la cadera) y utilizará una expresión larga para atraer la atención. Describa el efecto sobre la celeridad y facilidad de la respuesta del grupo._____

_____

2B. De nueva cuenta, el maestro ejecutará intencionalmente las habilidades complementarias que seleccionó en el inciso 1 en forma contraria a la recomendable. Describa el efecto sobre la celeridad y facilidad de la respuesta del grupo._____

_____

Lo recomendable

3A. El maestro le señalará en forma no verbal que esta vez practicará del modo recomendado las técnicas seleccionadas en el inciso 1. Describa la celeridad y facilidad con que el grupo respondió a la solicitud de atención._____

_____

3B. El maestro realizará por segunda vez las técnicas seleccionadas en la forma recomendada. Describa la celeridad y facilidad con que el grupo respondió a la solicitud de atención._____

_____

_____

Describa la diferencia entre lo ocurrido cuando el maestro no se colocó al frente, se apoyó más en una pierna que en otra, dirigió a un lado las puntas de los pies y empleó expresiones largas y lo ocurrido cuando hizo lo contrario al solicitar atención._____

_____

_____

Instrucciones visuales iniciales

Si, al llegar los estudiantes al aula, en el pizarrón **aparecen** ya las instrucciones de lo que deben hacer, sabrán de inmediato cómo actuar. Esta técnica es importante por implicar un **mensaje no verbal**, lo que produce un aula más silenciosa, estudiantes con mayor autoestima y maestros con mayor energía.

Calentamiento académico

Las instrucciones visuales persiguen varios propósitos. Uno de ellos es la realización de una actividad de calentamiento académico con fines de repaso, como la resolución de un problema de matemáticas, la transcripción de un nuevo término y su definición o el planteamiento de una pregunta incidental de interés. Esta actividad debe estar al alcance de la capacidad de los alumnos, a fin de que puedan ejecutarla sin depender del maestro, pues de lo contrario sería una actividad de "enseñanza", no de "calentamiento para la enseñanza".

Transición

Otro propósito es facilitar la transición a la primera actividad formal de la clase, con una instrucción como ésta: "Saquen su lápiz y su cuaderno y abran el libro de historia en la página 127."

Lo menos recomendable vs. lo recomendable

Preparación: El maestro o maestra y el observador deberán reunirse anticipadamente para indicar el tipo de **instrucción visual inicial** por emplear: "calentamiento académico" o "transición" (inciso 1 del formulario siguiente). El maestro o maestra indicará asimismo si dará ejemplo no verbal de atención al pizarrón o aplicará el método menos eficaz (inciso 2). Es recomendable que, tras completar los incisos 1 a 5 al menos una vez, el maestro practique el caso de emergencia, "Cuando no hay tiempo", el cual comienza en el inciso 6.

OBSERVADOR:_____

1. Marque el propósito con el que el maestro realizará sus instrucciones visuales iniciales:

    _____ calentamiento académico _____ transición

2. La meta es lograr, a través de las instrucciones visuales, que los alumnos se desplacen al estado mental adecuado. ¿Cómo lo consigue el maestro? ¿Oculta las instrucciones bajo un mapa plegable o las mantiene en un proyector apagado para exhibirlas tras saludar a sus alumnos? ¿Las exhibe desde un principio para que éstos las vean al entrar al salón, a la puerta del cual los recibe? ¿Espera a sus alumnos junto a instrucciones escritas en el pizarrón para imponer atención desde el saludo inicial? Puesto que nuestro argumento es que la comunicación no verbal del maestro es el factor más poderoso en el salón de clases, es esencial que aquél ponga el ejemplo de dirigir la atención al pizarrón. Para comprobarlo, podría hacer lo opuesto: anotar las instrucciones en el pizarrón y, al llegar sus alumnos, moverse y decir cosas que no vengan al caso.

Lo menos recomendable vs. lo recomendable

Indique si el maestro planea efectuar:

_____ la eficaz puesta de ejemplo (realizando las instrucciones visuales iniciales en la forma recomendada).

_____ el movimiento y conversación fuera de lugar (realizando las instrucciones visuales iniciales en forma contraria a la recomendada).

3. Descripción de las instrucciones en el pizarrón:_____
    _____
    _____

4. Descripción de la puesta de ejemplo o movimiento y conversación del maestro:_____
    _____
    _____

5. Descripción del grado de atención y respuesta del grupo a las instrucciones en el pizarrón:_____
    _____
    _____

En ocasiones el maestro o maestra no dispondrá de tiempo para preparar las instrucciones visuales con anticipación. En este caso tiene tres opciones:

- Atraer la atención del grupo y escribir las instrucciones.
- Atraer la atención del grupo y emitir oralmente las instrucciones.
- Escribir primero las instrucciones y después atraer la atención del grupo.

La segunda opción será útil en ciertos días y es más ágil que la tercera, aunque ésta es la más eficaz en días del hemisferio derecho.

OBSERVADOR:_____

Cuando no hay tiempo

6. El maestro se mostrará intencionalmente inquieto al llegar los estudiantes al aula, y no debidamente preparado para iniciar la clase a tiempo.

   A. ¿Qué hizo el maestro para mostrarse inquieto?_____
   _____
   _____

   B. Describa la supuesta tensión/urgencia por tranquilizar al grupo por parte del maestro:
   _____
   _____

   C. ¿Qué instrucciones escribió el maestro en el pizarrón (mencione si empleó carteles)?_____
   _____
   _____

   D. ¿Cómo consiguió la atención de los alumnos? Comente en particular si se mantuvo inmóvil, si inicialmente el volumen de su voz fue ligeramente superior al volumen colectivo del grupo y si hizo una pausa luego de que éste se tranquilizó.____
   _____
   _____

   E. Comente la eficacia con la que el maestro ejecutó esta técnica.
   _____
   _____

Oraciones incompletas

Aunque es común que los aspirantes a maestros reciban la recomendación de conseguir la atención de sus alumnos antes de iniciar la clase, sabemos que si empleamos nuestra voz para exponer una lección y señales no verbales para efectos de control, los estudiantes se adentrarán más rápidamente en la lección y recordarán que ésta atañe al contenido. Así pues, ¿cómo atraer no verbalmente la atención de los alumnos?

Si el contenido de la lección es interesante, el maestro o maestra puede iniciarla sin más: los alumnos seguramente responderán. Pero si sospecha que la lección no es del todo interesante, puede emplear *oraciones incompletas.* Los alumnos que no lo miran dejarán de moverse y prestarán atención al escuchar la abrupta interrupción de la oración inicial; así, este procedimiento permite una ágil transición a la atención. Ejemplos de oraciones incompletas son: "COMO PODEMOS VER...", "SI ANALIZAMOS...", "NOTEMOS CÓMO..." En cuanto los alumnos distraídos reparen en el maestro, éste repetirá esa parte, completará la oración y continuará. Siguiendo los pasos de la habilidad *LEVANTE LA VOZ (haga una pausa) baje la voz*, dirá la oración incompleta por encima del volumen colectivo y la completará después en voz baja. Las oraciones incompletas son muy eficaces para atraer la atención de los alumnos "inquietos", quienes suelen mostrarse renuentes a concentrarse.

Útiles en cualquier momento, las *oraciones incompletas* son ideales en los días del hemisferio derecho del cerebro (el día de la clase de pintura, la semana previa a las vacaciones de invierno, etcétera), durante los cuales el maestro o maestra deberá reducir la autoridad e incrementar la afinidad. Es preferible practicar la determinación del momento más oportuno para aplicar esta técnica antes de que se presenten los días del hemisferio derecho.

OBSERVADOR:_____

Enliste dos de las oraciones introductorias más comunes del maestro.

_____

_____

El maestro marcará una de estas dos opciones:

_____ Hoy es un día del hemisferio izquierdo y practicaré la aplicación de esta técnica. El observador omitirá los incisos 1D y 2D.

_____ Hoy es un día del hemisferio derecho y emplearé esta técnica, que ya he practicado. El observador prestará particular atención a mis movimientos y respiración al terminar la oración incompleta y durante la breve pausa posterior. Yo me restableceré para completar la oración en voz baja. El observador proporcionará retroalimentación sobre la habilidad Cambie de posición y respire en los incisos 1D y 2D.

Primer ejemplo

1A. Hora de la primera oración incompleta._____

1B. Anote la oración incompleta._____

1C. Descripción del volumen de la voz del maestro durante la emisión de la oración incompleta y de cuán inmóvil se mantuvo al emitirla y durante la breve pausa posterior._____
_____

1D. Descripción de los movimientos y respiración del maestro luego de haber emitido la oración incompleta._____
_____

1E. Descripción de cuán baja y lenta fue la voz del maestro al completar la oración._____
_____

1F. Descripción del efecto sobre la atención del grupo, especialmente de los alumnos inquietos._____
_____

Segundo ejemplo

2A. Hora de la segunda oración incompleta._____

2B. Anote la oración incompleta._____

2C. Descripción del volumen de la voz del maestro durante la emisión de la oración incompleta y de cuán inmóvil se mantuvo al emitirla y durante la breve pausa posterior._____
_____

2D. Descripción de los movimientos y respiración del maestro luego de haber emitido la oración incompleta._____
_____

2E. Descripción de cuán baja y lenta fue la voz del maestro al completar la oración._____
_____

2F. Descripción del efecto sobre la atención del grupo, especialmente de los alumnos inquietos._____
_____

Comentarios positivos

A los alumnos de 3° y 4° grados les satisface enormemente que su maestro o maestra les diga que hacen muy bien las cosas. Cuando el maestro elogia a un alumno por haber hecho bien algo durante un momento de transición, éste se convierte en ejemplo a seguir para los demás. A veces el maestro elogiará a alumnos vecinos a los inadecuados para corregir a éstos: "Luis ya está listo; **te** felicito."

De 5° grado en adelante

Los maestros deben ser más cuidadosos y sutiles en sus comentarios positivos para alumnos mayores. El tipo de comentarios que podrán hacer dependerá de que mantengan buenas relaciones con el grupo. De no ser así, sería preferible un elogio colectivo, no en referencia a **un** individuo o subgrupo reducido.

El maestro o maestra necesitará retroalimentación sobre el empleo que hace de **comentarios positivos** en períodos de transición. Aunque hemos incluido esta habilidad en la fase de **Captar la atención**, en realidad es aplicable a todas en momentos de transición. El maestro o maestra dispondrá la realización de tres o más transiciones durante su visita de 15 minutos.

OBSERVADOR:_____

Grado escolar del grupo observado:_____

Encierre en un círculo la fase de la lección que observará: Captar la atención, **Enseñanza**, **Transición a la actividad de escritorio** y **Actividad de escritorio**.

Primer ejemplo

1A. Describa el primer comentario positivo del maestro:_____
_____

1B. ¿A qué alumno o alumnos pretendió el maestro ofrecer un ejemplo de propiedad mediante el comentario positivo?_____
_____

1C. ¿Cuán cerca se hallaba el alumno o alumnos elogiados de los inapropiados?_____
_____

☞

1D. Descripción del efecto del modelo de propiedad sobre los alumnos inapropiados:_____

_____

Segundo ejemplo

2A. Describa el segundo **comentario positivo** del maestro:_____

_____

2B. ¿A qué alumno o alumnos pretendió el maestro ofrecer un ejemplo de propiedad mediante el **comentario positivo?**_____

_____

2C. ¿Cuán cerca se hallaba el alumno o alumnos elogiados de los inapropiados?_____

_____

2D. Descripción del efecto del modelo de propiedad sobre los alumnos inapropiados:_____

_____

Tercer ejemplo

3A. Describa el tercer **comentario positivo** del maestro:_____

_____

3B. ¿A qué alumno o alumnos pretendió el maestro ofrecer un ejemplo de propiedad mediante el **comentario positivo?**_____

_____

3C. ¿Cuán cerca se hallaba el alumno o alumnos elogiados de los inapropiados?_____

_____

3D. Descripción del efecto del modelo de propiedad sobre los alumnos inapropiados:_____

_____

¿Tiene más ideas o comentarios que ofrecer al maestro?_____

_____

_____

Descontaminación del salón de clases

Todo maestro o maestra realiza innumerables actividades al día. Si destina sistemáticamente un lugar específico a **una actividad** particular (como el disciplinamiento del grupo), sus alumnos **relacionarán** ese **lugar** con tal actividad. El establecimiento por el educador de esa relación entre cierta actividad y cierta área del salón induce en los estudiantes una respuesta más rápida y adecuada, puesto que saben qué esperar. Además de ser aplicable a lugares, esta relación también lo es a toda comunicación no verbal. Por ejemplo, si el maestro enciende sistemáticamente el proyector cuando desea que el grupo tome apuntes, éste procederá a ello con sólo escuchar el interruptor y el ventilador y ver iluminarse la pantalla.

Al identificar sus actividades de una semana, el maestro o maestra puede seleccionar las que desea relacionar con un lugar, expresión facial, tipo de voz, postura física u objeto dados. Tales actividades pueden ser pasar lista, procesamiento abstracto, comentarios del grupo, círculo de escucha, orientación individual o disciplinamiento del grupo, pues el concepto de descontaminación armoniza con todas las fases de una lección. Lo hemos insertado aquí porque la actividad a la que es absolutamente indispensable destinar un lugar específico es el "disciplinamiento del grupo".

Asociación sistemática

Puesto que el maestro o maestra ignora en qué momento realizará un disciplinamiento grupal, el observador ofrecerá retroalimentación sobre cualesquiera dos o tres actividades en las que aquél realice una asociación sistemática entre ciertas representaciones no verbales y tales actividades. Las señales no verbales pueden hacer referencia, en parte, a un lugar, tipo de voz, expresión facial, postura corporal, gestos y objetos. El maestro o maestra dispondrá la ejecución de dos o tres actividades durante la estancia de 15 minutos del observador. Podrá decidir si éste presenciará la asociación inicial de las señales no verbales con la actividad o concepto o si presenciará una asociación previamente establecida.

OBSERVADOR:_____

Antes de la observación, el maestro llenará los incisos A de cada actividad. Durante la observación, el observador llenará los incisos B-D.

Primer ejemplo

1A. Actividad o concepto:_____

Descripción del mensaje o mensajes no verbales asociados con la actividad o concepto:_____
_____

¿El observador presenciará una asociación inicial o establecida?
_____
_____

1B. Describa las señales no verbales utilizadas:_____
_____

1C. ¿Cuál fue la respuesta del grupo a la asociación?_____
_____

1D. Comente la eficacia de la asociación.

Segundo ejemplo

2A. Actividad o concepto:_____

Descripción del mensaje o mensajes no verbales asociados con la actividad o concepto:_____
_____

¿El observador presenciará una asociación inicial o establecida?
_____
_____

2B. Describa las señales no verbales utilizadas:_____
_____

2C. ¿Cuál fue la respuesta del grupo a la asociación?_____
_____

2D. Comente la eficacia de la asociación.

☞

Tercer ejemplo

3A. Actividad o concepto:_____

Descripción del mensaje o mensajes no verbales asociados con la actividad o concepto:_____
_____

¿El observador presenciará una asociación inicial o establecida?
_____
_____

3B. Describa las señales no verbales utilizadas:_____
_____

3C. ¿Cuál fue la respuesta del grupo a la asociación?_____
_____

3D. Comente la eficacia de la asociación.

Cambie de posición y respire

Cada estado mental se apoya en y está representado por un estado físico equivalente. La relación entre mente y cuerpo es tan estrecha que un cambio en uno de ellos se refleja en el otro.

Para abandonar un estado mental inapropiado, nada es más útil que efectuar un cambio en nuestro cuerpo. Si deseamos contribuir enormemente a un cambio en nuestro estado emocional y mental, debemos mover el cuerpo (**cambiar de posición**) mientras **respiramos**. Esto nos alejará de nuestro estado anterior. Cuanto más pronto advierta una persona que se halla en un estado inadecuado, más fácil le será abandonarlo.

Aplicación

Por ello, la técnica *Cambie de posición y respire* es ideal al concluir el disciplinamiento del grupo (vea "Descontaminación del salón de clases"), pues permitirá tanto al maestro o maestra como a los alumnos volver al contenido de la lección y olvidar el incidente de disciplinamiento recién ocurrido. Esta técnica también es útil cuando el maestro debe levantar la voz para atraer la atención del grupo (vea "LEVANTE LA VOZ [haga una pausa] baje la voz"). En uno u otro caso, este procedimiento crea una distinción tajante entre el personaje estricto y el personaje de maestro afable y cariñoso.

Control de la tensión

Dado que *cambiar de posición y respirar* es la técnica de control de tensión más importante de las estrategias no verbales para la enseñanza, es recomendable que el maestro o maestra pida al observador llenar este formulario en las siguientes ocasiones:

- Disciplinamiento del grupo (*Descontaminación del salón de clases*)
- Disciplinamiento individual
- *LEVANTE LA VOZ (haga una pausa) baje la voz*
- Una *oración incompleta* en un día del hemisferio derecho
- Una situación de emergencia en la que deba gritar

Ya que es difícil prever en qué momento las circunstancias del salón de clases justificarán que el maestro levante la voz, es conveniente que el observador llene esta hoja de habilidades en un día en que aquél suponga que será necesario un incremento en el control, usualmente los días del hemisferio derecho. Es probable que en esos días aumente la posibilidad de que se presenten las cuatro ocasiones de la lista anterior. La quinta ocasión (grito de emergencia) podría ser cubierta por un observador que visite con frecuencia el aula de este maestro. De ocurrir una emergencia, el observador se remitirá a la sección **Grito de emergencia** de la siguiente hoja de habilidades además de ofrecer retroalimentación sobre la habilidad originalmente asignada.

OBSERVADOR:_____

Disciplinamiento del grupo

El momento más importante para la práctica de Cambie de posición y respire es cuando el maestro ejecuta un acto de disciplinamiento grupal (vea Descontaminación del salón de clases) o individual. Puesto que ignoramos en qué momento podría ocurrir esto, el maestro debe programar la visita del observador en una fecha en la que prevea que los alumnos estarán más inquietos de lo normal, específicamente en un día del hemisferio derecho.

Fecha de la observación:_____

1. Describa una situación en la que fue adecuado que el maestro procediera al disciplinamiento del grupo:_____

   _____

2. Describa cómo llevó a cabo el maestro la técnica Cambie de posición y respire:_____

   _____

3. Describa los resultados benéficos tanto para el maestro como para los alumnos:_____

   _____

Disciplinamiento individual

A veces ocurre que, mientras el maestro atiende al estudiante X, el alumno Y, ubicado en el extremo contrario del salón, se distrae de su labor, momento en que el maestro debe emplear un mensaje verbal mínimo en beneficio de la autoestima de Y y de la concentración de los demás estudiantes (vea "Preservación del ambiente productivo: Mini VESMI"). Si, tras elevar la voz para reprender verbalmente a Y, el maestro aún se siente exaltado al volver a X, éste podría recibir indebidamente los residuos emocionales de su exaltación. Para evitarlo, al terminar con Y el maestro debe erguirse (y dar medio paso a un lado) para respirar profundamente. Si el estado emocional que desea abandonar es muy intenso, deberá respirar profundamente dos veces.

1. Describa una situación en la que el maestro haya hecho disciplinamiento individual:_____
   _____

2. Describa cómo llevó a cabo el maestro la técnica Cambie de posición y respire:_____
   _____

3. Describa los resultados benéficos para el maestro, el alumno disciplinado (Y), el alumno al que ayudaba (X) y los demás estudiantes:_____
   _____
   _____
   _____

LEVANTE LA VOZ
(haga una pausa) baje la voz

Fecha de la observación:_____

1. A veces el volumen colectivo será muy elevado y el maestro deberá gritar "¡Silencio!" Describa una situación en la que el maestro haya procedido de esta manera para atraer la atención del grupo:_____
   _____
   _____
   _____

☞

2. Describa cómo llevó a cabo el maestro la técnica Cambie de posición y respire:_____

_____

_____

3. Describa los resultados benéficos tanto para el maestro como para las demás personas involucradas:_____

_____

_____

_____

Oración incompleta

Fecha de la observación_____

1. Como en el ejemplo anterior, hay ocasiones en que un método amable para atraer la atención del grupo no es suficiente. A veces el maestro deberá acompañar la abrupta interrupción de una oración con una áspera expresión facial y una respiración agitada. Describa una situación en la que el maestro haya hecho una muy abrupta oración incompleta:_____

_____

_____

2. Describa cómo llevó a cabo el maestro la técnica Cambie de posición y respire:_____

_____

_____

3. Describa los resultados benéficos tanto para el maestro como para las demás personas involucradas:_____

_____

_____

Grito de emergencia

Fecha de la observación_____

1. Una situación de emergencia, como el hecho de que una caja de libros esté a punto de caer sobre varios alumnos, obligará al maestro a gritar "¡Cuidado!", caso en el que lo mismo él que los estudiantes deberán recuperarse de la liberación de adrenalina. Describa una situación de emergencia en la que el maestro haya alzado la voz:_____

   _____

   _____

2. Describa cómo llevó a cabo el maestro la técnica Cambie de posición y respire:_____

   _____

3. Describa los resultados benéficos tanto para el maestro como para las demás personas involucradas:_____

   _____

   _____

Luz amarilla

La necesidad de atraer la atención del grupo es incesante, pues lo mismo se presenta al inicio de la clase que durante la ejecución de una actividad estructurada. En este último caso, es una muestra de respeto para los alumnos que el maestro o maestra les indique que se acerca el momento en que deberán volver a dirigir su atención a él o ella –por ejemplo: "Queda un minuto"– a fin de que se preparen, sobre todo cuando trabajan en equipos. Pensemos en lo que ocurriría si los semáforos sólo contaran con luz roja y verde; de ahí que esta técnica para la emisión de una oportuna señal de advertencia se llame *luz amarilla*.

El maestro o maestra deseará comprobar si la *luz amarilla* produce una transición armoniosa de un estado de independencia u orientación a los compañeros por parte de los alumnos a la orientación hacia él o ella. Dispondrá así una lección en la que los estudiantes deban alternar entre la realización de actividades en sus pupitres y la concentración en el profesor. Sería ideal que la actividad de mesa lo fuera de aprendizaje cooperativo. El maestro organizará las cosas en tal forma que el grupo deba fijar la atención en él al menos cuatro veces durante la estancia de 15 minutos del observador. Si sólo lo consigue dos veces, cubrirá únicamente el inciso 1.

OBSERVADOR:_____

Fecha de la observación:_____

¿Cuál fue la lección?_____

Lo menos recomendable

1. El maestro asignará a los alumnos una actividad de mesa e intencionalmente solicitará su atención sin una luz amarilla. Describa la celeridad y disposición con que los estudiantes se concentraron en el profesor:_____

_____

2. El maestro asignará a los alumnos una actividad de mesa e intencionalmente solicitará de nuevo su atención sin una luz amarilla. Describa la celeridad y disposición con que los estudiantes se concentraron en el profesor:_____

_____

☞

Lo recomendable

1. El maestro señalará en forma no verbal al observador que esta vez realizará la transición con una luz amarilla. El observador deberá prestar atención al volumen de la voz del maestro al anunciar la luz amarilla, la cual no debe distraer a los alumnos de su actividad. Describa el volumen de voz del maestro y si el grupo siguió atento a su actividad:_____

   _____

   Describa la celeridad y disposición con que los estudiantes se concentraron en el profesor:_____

   _____

2. El maestro volverá a realizar una transición con luz amarilla. El observador prestará atención al volumen de la voz del maestro al anunciar la luz amarilla y al hecho de si ésta no distrajo a los alumnos de su actividad. Describa el volumen de voz del maestro y si el grupo siguió atento a su actividad:_____

   _____

   Describa la celeridad y disposición con que los estudiantes se concentraron en el profesor:_____

   _____

Transición a "Sólo habla usted"

Otra ocasión idónea para el empleo de la técnica de la luz amarilla es el paso de la interacción con los alumnos a la exclusiva intervención del profesor en una lección. La expresión más común con ese fin es: "Ya sólo voy a darles la palabra a Janet y Francisco." Es conveniente que el maestro haga este tipo de anuncios con una voz distinta a la que usa en sus exposiciones. Su voz es entonces como las comas de una oración, o el paréntesis que encierra a ésta.

1. ¿Cuál fue el mensaje del maestro?_____

   _____

2. Describa el volumen de la voz del maestro:_____

   _____

3. Describa si la *luz amarilla* produjo una transición más armoniosa de la actividad interactiva a la atención de los alumnos al maestro.

Capítulo ocho

Enseñanza

No podemos no comunicarnos en forma no verbal:
la pregunta es si lo hacemos sistemáticamente.

Notas sobre las habilidades específicas

Levantar la mano o responder

Las instrucciones descriptivas de esta habilidad son muy extensas. Siéntase libre de simplificar el registro de la ejecución por el maestro o maestra de esta técnica.

Incremento de señales no verbales

Esta habilidad puede ser útil en las cuatro fases de una lección, y ser aplicada a cuestiones tanto académicas como de manejo del salón de clases.

Empalme

Ésta es una de las habilidades sencillas de uso menos frecuente. Ayude a que el maestro o maestra aclare cuándo utilizarla. En ocasiones los estudiantes cinestésicos precisan de una oportunidad para relajarse y moverse, y esta técnica lo impide.

El lado opuesto del salón

Ésta es una de las técnicas siempre preferidas de los profesores. Es muy similar a *Mini vesmi* en cuanto que el maestro o maestra tiene en mente las necesidades del grupo al interactuar con un alumno en lo individual.

Aproximación verbal a alumnos inaccesibles

Ésta es una de las escasas habilidades bipersonales incluidas en este libro Es ideal para la población escolar en riesgo. A causa de su alto grado de complejidad, es recomendable dedicarle varias sesiones de observación.

Diga los verbos al final

Aliente al maestro o maestra a recurrir al gesto manual. La palma hacia abajo o frente al grupo es el mismo procedimiento de la modalidad "Sólo habla usted" de *Levantar la mano* o *responder*.

Recordatorio sobre el género

También en este capítulo he intentado emplear, en la medida de lo posible, los términos "maestro o maestra" y "alumno o alumna".

Cómo refinar la habilidad "Levantar la mano o responder"

Durante la porción de **Enseñanza** de una lección, el maestro o maestra puede recurrir a dos modalidades para interactuar con el grupo: "Los alumnos levantan la mano" o "Habla el primer alumno que cree saber la respuesta". Entre las variantes de estas modalidades están pedir a un estudiante específico que responda o, después de solicitar a los alumnos que levanten la mano, indicar que todos juntos enuncien la respuesta.

En esta hoja de habilidades probaremos lo siguiente: si el interés en la pregunta de contenido es alto, el maestro debe anunciar la modalidad de la respuesta antes de plantear la pregunta; si el interés en el contenido es bajo, debe formular la pregunta de contenido antes de indicar la modalidad.

El maestro o maestra necesitará retroalimentación sobre los efectos de la ejecución o no de estos axiomas en el grupo. Dispondrá una visita larga del observador (de entre 15 y 20 minutos) o dos breves (de entre 10 y 15 minutos).

OBSERVADOR:_____

Lo recomendable

Alto interés en el contenido

El maestro señalará en forma no verbal al observador que formulará una pregunta de contenido de alto interés, levantando el pulgar por ejemplo, y procederá en consecuencia, según el método recomendado, a indicar primero la modalidad de la respuesta.

1. Compruebe que el grupo tiene alto interés en el contenido._____

   _____

   Encierre en un círculo la modalidad elegida por el maestro: levantar la mano, que responda un alumno específico, que conteste el primer alumno en saber la respuesta, levantar la mano y después decir todos la respuesta al unísono o_____

   Describa los resultados:_____

                                                          ☞

2. El maestro repetirá el método recomendado. Compruebe que el grupo tiene alto interés en el contenido._____

_____

Encierre en un círculo la modalidad elegida por el maestro: levantar la mano, que responda un alumno específico, que conteste el primer alumno en saber la respuesta, levantar la mano y después decir todos la respuesta al unísono o_____

Describa los resultados:_____

_____

Bajo interés en el contenido

El maestro señalará en forma no verbal al observador que formulará una pregunta de contenido de bajo interés, con el pulgar hacia abajo por ejemplo, y procederá en consecuencia, según el método recomendado, a formular primero la pregunta de contenido.

1. Compruebe que el grupo tiene bajo interés en el contenido.

_____

_____

Después de haber formulado la pregunta de contenido, ¿cuánto tiempo transcurrió antes de que el maestro indicara la modalidad de respuesta?_____

Encierre en un círculo la modalidad elegida por el maestro: levantar la mano, que responda un alumno específico, que conteste el primer alumno en saber la respuesta, levantar la mano y después decir todos la respuesta al unísono o_____

Describa los resultados:_____

_____

_____

2. El maestro repetirá el método recomendado. Compruebe que el grupo tiene bajo interés en el contenido._____
_____
_____

Después de haber formulado la pregunta de contenido, ¿cuánto tiempo transcurrió antes de que el maestro indicara la modalidad de respuesta?_____

Encierre en un círculo la modalidad que eligió: levantar la mano, que responda un alumno específico, que conteste el primer alumno en saber la respuesta, levantar la mano y después decir todos la respuesta al unísono o_____

Describa los resultados:_____
_____
_____

El maestro ha aplicado sistemáticamente la fórmula "alto interés-primero la modalidad de respuesta" y "bajo interés-primero la pregunta de contenido". Para probar la validez de esta recomendación, procederá ahora del modo contrario.

El maestro señalará en forma no verbal al observador que formulará una pregunta de contenido de alto interés, levantando el pulgar por ejemplo, pero que esta vez hará lo contrario al método recomendado y primero formulará la pregunta, para señalar lo cual podría mostrar el pulgar hacia abajo.

OBSERVADOR:_____

Lo menos recomendable

Alto interés en el contenido

1. Compruebe que el grupo tiene alto interés en el contenido.
   _____
   _____

   Después de haber formulado la pregunta de contenido, ¿cuánto tiempo transcurrió antes de que el maestro indicara la modalidad de respuesta?_____

   Encierre en un círculo la modalidad que eligió: levantar la mano, que responda un alumno específico, que conteste el primer alumno en saber la respuesta, levantar la mano y después decir todos la respuesta al unísono o_____

   Describa lo ocurrido:_____
   _____

2. El maestro repetirá lo contrario al método recomendado. Compruebe que el grupo tiene alto interés en el contenido._____
   _____
   _____

   Después de haber formulado la pregunta de contenido, ¿cuánto tiempo transcurrió antes de que el maestro indicara la modalidad de respuesta?

   Encierre en un círculo la modalidad que eligió: levantar la mano, que responda un alumno específico, que conteste el primer alumno en saber la respuesta, levantar la mano y después decir todos la respuesta al unísono o_____

   Describa los resultados:_____
   _____

El maestro señalará en forma no verbal al observador que formulará una pregunta de contenido de bajo interés, con el pulgar hacia abajo por ejemplo, pero que esta vez hará lo contrario al método recomendado y primero indicará la modalidad de respuesta, para señalar lo cual podría invertir el pulgar.

OBSERVADOR:_____

Lo menos recomendable

Bajo interés en el contenido

1. Compruebe que el grupo tiene bajo interés en el contenido.___
   _____
   _____

   Encierre en un círculo la modalidad que eligió: levantar la mano, que responda un alumno específico, que conteste el primer alumno en saber la respuesta, levantar la mano y después decir todos la respuesta al unísono o_____

   Describa los resultados:_____
   _____
   _____

2. El maestro repetirá lo contrario al método recomendado. Compruebe que el grupo tiene bajo interés en el contenido._____
   _____
   _____

   Encierre en un círculo la modalidad que eligió: levantar la mano, que responda un alumno específico, que conteste el primer alumno en saber la respuesta, levantar la mano y después decir todos la respuesta al unísono o_____

   Describa los resultados:_____
   _____

   ¿Qué conclusiones pueden extraer el maestro y usted de la asociación del interés de los alumnos con el momento oportuno para formular la pregunta?_____
   _____
   _____

Incremento de señales no verbales

Uno de los principales beneficios de que seamos sistemáticos en el empleo de señales no verbales es que podemos cubrir más aspectos de un tema en una atmósfera de beneficio mutuo. ¿Cómo? Por el hecho de emplear **señales no verbales** para efectos de control, el maestro o maestra puede destinar su voz exclusivamente a la "exposición de la lección". Además, las señales no verbales para efectos académicos son preventivas, porque obligan al grupo a mirar al maestro. Esto resulta en un salón más silencioso y en la posibilidad de emplear mayor número de señales no verbales, gracias a que los estudiantes observan al maestro.

El maestro o maestra se reunirá con el observador para proporcionarle la siguiente lista de señales no verbales cuyo uso desea incrementar.

Señales no verbales	Uso/significado
a. _____ =	_____
_____ =	_____
b. _____ =	_____
_____ =	_____
c. _____ =	_____
_____ =	_____
d. _____ =	_____
_____ =	_____

El observador prestará particular atención al empleo de esas señales. Sin embargo, el maestro podría hacer uso de señales no verbales adicionales, para lo cual proporcionamos en seguida espacio extra. Durante la fase de **Enseñanza** de la lección, el maestro o maestra dispondrá el empleo de varias señales no verbales para efectos académicos y de control, que el observador presenciará durante su estancia de 15 minutos.

OBSERVADOR:_____

Señales no verbales sistemáticas

Fecha de la observación

Señales no verbales		Uso/significado
a. _____	=	_____
_____	=	_____
b. _____	=	_____
_____	=	_____
c. _____	=	_____
_____	=	_____
d. _____	=	_____
_____	=	_____
e. _____	=	_____
_____	=	_____
f. _____	=	_____
_____	=	_____
g. _____	=	_____
_____	=	_____

Puesto que el propósito del maestro es usar señales no verbales para el **control** y el nivel verbal para el **contenido**, enliste ocasiones en las que aquél emplee una señal verbal cuando habría sido más eficaz usar una señal no verbal al mismo tiempo o sola.

Sistematización

Señales no verbales		Uso/significado
a. _____	=	_____
_____	=	_____
b. _____	=	_____
_____	=	_____
c. _____	=	_____
_____	=	_____
d. _____	=	_____
_____	=	_____

Haga sus sugerencias del conocimiento del maestro.

Empalme

Cuanto más eficaz sea el maestro o maestra, más tiempo ahorrará e incrementará en mayor medida la productividad. Para lograrlo, debe preparar al grupo para una nueva actividad durante la realización de la anterior, a fin de conseguir una transición más ágil, fácil y armoniosa a la nueva actividad. El maestro o maestra dispondrá la realización de un *empalme* durante la estancia de 10 minutos del observador.

Grupo cinestésico

Si el grupo es sumamente cinestésico, el maestro considerará la posibilidad de un receso entre una actividad y otra para que los alumnos puedan ponerse de pie, moverse y liberar energía. Así, hay ocasiones en las que no es recomendable aplicar la técnica del *empalme*.

OBSERVADOR:_____

1. Descripción de la primera actividad:_____
   _____
   _____
   _____

2. Describa cómo introdujo el maestro la segunda actividad durante la realización de la primera; indique si presentó instrucciones visuales para la nueva actividad. ¿Todas o algunas de esas instrucciones podrían ser vaciadas en carteles?_____
   _____
   _____
   _____

3. Describa la transición de la primera actividad a la segunda.____
   _____
   _____
   _____

4. Anote sus ideas y comentarios de la observación:_____
   _____
   _____
   _____

El lado opuesto del salón

El estilo tradicional de relación en el aula consiste en acercarnos a la persona con la que interactuamos. Aunque esto es adecuado en una situación bipersonal, no resulta conveniente en la situación grupal del salón de clases. El maestro o maestra ha practicado la técnica de trasladarse al lado opuesto del salón antes de interpelar a un estudiante. La presencia física del maestro servirá como recurso de control preventivo de los alumnos cercanos a él, y su mirada de los demás. Como observador, usted deberá advertir el grado de atención del grupo cuando el maestro ejecuta el procedimiento tradicional de acercarse al estudiante con el que interactúa y cuando se distancia de él.

OBSERVADOR:_____

Lo menos recomendable

El maestro interpelará a varios alumnos desde el frente del salón, e intencionalmente se acercará a ellos. Sería conveniente que al hacerlo diera la espalda a una parte del grupo, la cual sabrá que el maestro no puede verla. Si esta parte del grupo no se muestra tan atenta como los alumnos frente al maestro, no es que sea descortés, sino que interpreta la conducta de éste como indicativa de hallarse fuera de la interacción. Observe qué porciones del grupo presentan alto, promedio y bajo niveles de interés.

1ª vez_____

_____

2ª vez_____

_____

Lo recomendable

El maestro señalará que habrá de aplicar la técnica El lado opuesto del salón. Registre el efecto de este procedimiento en el grado de atención de los alumnos:

Sus observaciones:

1ª vez_____

_____

2ª vez_____

_____

Aproximación verbal a alumnos inaccesibles

A cierto porcentaje de estudiantes no les deslumbra la brillante trayectoria o autoridad del maestro o maestra. A estos alumnos es posible acceder mediante relaciones de afinidad. En una lección, por ejemplo, el maestro o maestra podría incluir un tema de sumo interés para ellos, gracias a lo cual prestarán mayor atención. El maestro desea retroalimentación sobre la ejecución de técnicas que ha practicado con los **alumnos inaccesibles**. Él llenará los incisos 1 y 2.

OBSERVADOR:_____

Alumnos inaccesibles

1. Iniciales o descripción del **primer alumno** perteneciente al 5 a 15 por ciento de la *población escolar inaccesible*, estudiantes usualmente inclinados al hemisferio derecho y sobre quienes los sistemas disciplinarios normales ejercen escaso o nulo efecto._____
   _____

2. Enliste dos o tres temas de interés para este alumno:_____
   _____

3. El maestro introducirá dos veces en una lección o en la asistencia individual a este alumno temas de interés para él. El observador enlistará las respectivas acciones del maestro y describirá el cambio en el grado de atención del alumno:_____
   _____

• • •

1. Iniciales o descripción del **segundo alumno** *inaccesible*:_____
   _____

2. Enliste dos o tres temas de interés para este alumno:_____
   _____

3. El maestro introducirá dos veces en una lección o en la asistencia individual a este alumno temas de interés para él. El observador enlistará las respectivas acciones del maestro y describirá el cambio en el grado de atención del alumno. El maestro podría trabajar con estos dos alumnos durante la misma lección:_____
   _____

Adolescentes y adultos

Si el maestro es profesor de educación básica, podrá mirar al **alumno inaccesible** a cuyos temas de interés se refiera. Pero si enseña a **adolescentes o adultos**, es preferible que no lo haga, pues el alumno descubrirá la intención del maestro. Si, en cambio, éste se aleja del alumno al tocar un tema de su interés y ser mirado por él, el alumno ignorará el propósito del maestro. Eso le intrigará... y le agrada sentirse intrigado. Seguirá con la mirada al maestro. Lo está cazando, eligiendo, seleccionando. El maestro llenará los incisos 1 y 2 antes de la observación.

OBSERVADOR:_____

Adolescentes y adultos

1. Iniciales o descripción de la **primera persona:**_____

2. Enliste dos o tres temas de interés para esta persona:_____
   _____
   _____

3. El maestro incluirá en su exposición un tema de interés para ella al notar que está distraída. El observador describirá si el maestro se alejó de este estudiante al ser mirado por él y el cambio en el grado de atención del alumno:_____
   _____

• • •

1. Iniciales o descripción de la **segunda persona:**_____

2. Enliste dos o tres temas de interés para esta persona:_____
   _____
   _____

3. El maestro incluirá en su exposición un tema de interés para ella al notar que está distraída. El observador describirá si el maestro se alejó de este estudiante al ser mirado por él y el cambio en el grado de atención del alumno:_____
   _____

Determinación del momento oportuno

Cuanto más distraído sea un alumno, más tenderá a ensoñar. Así, tan pronto como el maestro o maestra advierta que el alumno inaccesible comienza a distraerse, deberá hacer referencia a un tema de su interés, comentario al que éste muy probablemente prestará atención. El maestro ejecutará primero el método menos recomendable y después el recomendable. Si no le es posible ejecutar los incisos 3-6 durante una misma lección, realizará los incisos 3 y 5 en una y los incisos 4 y 6 en otra.

OBSERVADOR:_____

Determinación del momento oportuno

1. Iniciales o descripción de un alumno inclinado al hemisferio derecho:_____
_____
_____

2. Enliste dos o tres temas de interés para esta persona:_____
_____
_____

Lo menos recomendable

3. Si durante una lección el maestro advierte que este alumno se distrae, introducirá un tema de su interés sólo cuando la distracción sea absoluta. El observador describirá el volumen de la voz del maestro y los cambios en el grado de atención del alumno:
_____
_____

4. El maestro repetirá el procedimiento anterior, preferiblemente en la misma lección. El observador describirá el volumen de la voz del maestro y los cambios en el grado de atención del alumno:
_____
_____

☞

Lo recomendable

5. El maestro introducirá el tema de interés justo cuando el alumno comience a distraerse, de preferencia en la misma lección del inciso 3. Deberá mantener el mismo volumen de voz que en el inciso 3. El observador describirá el volumen de la voz del maestro y los cambios en el grado de atención del alumno:_____

   _____

   _____

6. El maestro repetirá el procedimiento anterior, preferiblemente durante la misma lección del inciso 4. Mantendrá el mismo volumen de voz que en el inciso 4. El observador describirá el volumen de la voz del maestro y los cambios en el grado de atención del alumno:_____

   _____

   _____

   ¿Qué ideas puede ofrecer al maestro sobre la eficacia del método recomendado? Comente la efectividad de esta técnica si el maestro introduce el tema de interés durante una pausa de vacío del estudiante.

Diga los verbos al final

Cuando el maestro o maestra emplea verbos como "Tomen... Abran... Hagan...", los alumnos activan su cuerpo y entran en movimiento. Si el maestro dice: "Saquen su libro de ciencias y ábranlo en la página 95", los alumnos procederán al instante, y algunos de ellos no escucharán completo el mensaje. Inadvertidamente, el maestro creará dos grupos en el salón: el de los alumnos que ya abrieron su libro en la página 95 y el de los que están perdidos. Así, la lección transcurrirá fuera de sincronía. El maestro puede hacer varias cosas para evitar esto: decir los verbos al final o recurrir a un gesto no verbal (como la mano al frente en posición de "alto") para indicar a los alumnos que deberán esperar a que haya emitido el mensaje completo.

El maestro desea retroalimentación sobre si la colocación de los verbos en una serie de instrucciones ejerce alguna diferencia en la forma en que el grupo escucha y responde. Colocará intencionalmente los verbos al principio de las instrucciones y después al final, haciendo al mismo tiempo un gesto verbal que indique ALTO. Esta contrastante ubicación de los verbos permitirá al observador percibir la reacción del grupo y proporcionar al maestro la retroalimentación que necesita.

El maestro dispondrá la lección de tal manera que emplee verbos en tres o cuatro ocasiones durante la estancia de 10 a 15 minutos del observador.

OBSERVADOR:_____

Lo menos recomendable

1. Enliste los verbos que empleó el maestro:_____

2. El maestro colocará intencionalmente los verbos al principio de las instrucciones. Refiera las instrucciones posteriores a los verbos:_____

   _____

3. Indique qué porcentaje del grupo respondió adecuadamente:___

   _____

   _____

   _____

4. Comente cuán fuera de sincronía transcurrió este segmento de la lección:_____

_____

_____

_____

Lo recomendable

Primer ejemplo

El maestro señalará en forma no verbal al observador que esta vez aplicará el método recomendado.

1. Enliste los verbos que empleó el maestro:_____

_____

2. Aparte de los verbos, ¿en qué consistieron las instrucciones?___

_____

3. Explique dónde ubicó los verbos el maestro. Si empleó un gesto no verbal, ¿cuál fue? ¿Lo mantuvo hasta concluir las instrucciones?_____

_____

_____

4. Indique qué porcentaje del grupo respondió adecuadamente:___

_____

5. Comente si este segmento de la lección pareció estar más en sincronía:_____

_____

_____

Segundo ejemplo

El maestro aplicará de nuevo el método recomendado.

1. Enliste los verbos que empleó el maestro:_____

_____

2. Aparte de los verbos, ¿en qué consistieron las instrucciones?___

___

3. Explique dónde ubicó los verbos el maestro. Si empleó un gesto no verbal, ¿cuál fue? ¿Lo mantuvo hasta concluir las instrucciones?___

___

___

4. Indique qué porcentaje del grupo respondió adecuadamente:___

___

5. Comente si este segmento de la lección pareció estar más en sincronía:___

___

___

Comente el grado de atención de los alumnos en referencia a la ubicación por el maestro de los verbos. Si aplicó este procedimiento en un día del hemisferio derecho, ¿usó el pizarrón o el proyector para presentar los detalles de las instrucciones?

Capítulo nueve

Transición a la actividad de escritorio

*No sabemos lo que decimos
hasta que sabemos lo que no decimos.*

G. K. Chesterton

Notas sobre las habilidades específicas

Cómo refinar la habilidad "Instrucciones de salida"

El aspecto más importante de esta habilidad son las imágenes. Aliente al maestro a elaborarlas. La habilidad de "señalar en silencio" se apreciará por completo a la luz del *método de influencia*. El concepto de abandonar el síndrome del reforzamiento negativo es la meta común de "señalar en silencio" y el *método de influencia*. El propósito es que los alumnos no obtengan atención cuando se comportan en forma impropia.

Instrucciones de trabajo avanzadas

Esta perspicaz técnica consume muy poco tiempo. Incite al maestro o maestra a utilizarla, específicamente a los profesores de educación básica.

Preservación del ambiente productivo

Los *Mini vesmi* son la técnica más eficaz de las tres que componen este conjunto. Es aplicable a todos los niveles educativos. El maestro o maestra puede emplearla siempre durante la actividad de escritorio. Su influencia aumenta en proporción con la frecuencia de su uso. La práctica de *Voz baja* y *Paso lento* es importante para los maestros no visuales. Estimule su uso.

Recordatorio sobre el género

También en este capítulo he intentado utilizar los términos "maestro o maestra" y "alumno o alumna".

Cómo refinar la habilidad "Instrucciones de salida"

En *Instrucciones de salida* el maestro o maestra aprendió a

- presentar visualmente sus instrucciones,
- exhibirlas sistemáticamente en cierta área del pizarrón y con ciertos colores,
- elaborar carteles con la información regular.

El maestro o maestra deseará retroalimentación sobre la forma en que ejecuta técnicas adicionales relacionadas con las *Instrucciones de salida*. A causa de la naturaleza de estas habilidades, el observador deberá realizar varias visitas. Cada una de ellas será breve, pues coincidirá únicamente con las instrucciones de salida. El maestro o maestra indicará en cada ocasión la técnica sobre la que desea retroalimentación y llenará los incisos 1 y 2 antes de la observación.

OBSERVADOR:_____

Señale en silencio

Es poco realista pensar que los alumnos abandonarán de súbito la costumbre de pedir al maestro repetir instrucciones durante la **actividad de escritorio** en favor de la de leerlas en el pizarrón. El maestro ha practicado la técnica de señalar el pizarrón cuando, durante la **Actividad de escritorio**, los alumnos hacen preguntas cuya respuesta aparece en aquél ("¿Qué debo hacer después?", por ejemplo). Es muy importante que el maestro no establezca contacto visual con el estudiante que formuló la pregunta, para que éste entienda que ésa no es manera aceptable de atraer su atención. La observación de esta técnica deberá ocurrir durante la transición de *instrucciones orales a visuales*.

1. Fecha de la observación:_____

2. Iniciales y ubicación de los alumnos en los que el maestro desea que el observador repare en particular para comprobar los efectos de esta técnica:_____

_____

☞

3. Si un alumno solicita información que aparece en el pizarrón, el maestro señalará éste en silencio. El observador describirá las especificidades tanto de la acción del maestro, el cual no deberá establecer contacto visual con el alumno, como de la reacción de éste:_____

_____

_____

_____

Consultas

Tras impartir las instrucciones de salida y exhibirlas en el pizarrón o en carteles, el maestro preguntará: "¿Tienen dudas?" Además de contestar oralmente las consultas, escribirá la respuesta en el pizarrón; de lo contrario, después tendrá que repetir la información.

1. Fecha de la observación:_____

2. Iniciales y ubicación de los alumnos en los que el maestro desea que el observador repare en particular para comprobar los efectos de esta técnica:_____

_____

_____

3. El maestro aplicará primeramente el método menos recomendable y sólo dará respuesta oral a las preguntas. El observador describirá el grado de atención y comprensión de los alumnos (referidos en el inciso anterior) y mencionará si el maestro tuvo que repetir la información adicional:_____

_____

_____

4. En la misma u otra lección con instrucciones de trabajo de extensión y complejidad equivalentes, el maestro seguirá el método recomendado y escribirá en el pizarrón la información adicional. El observador reparará en la ocurrencia de cambios en el grado de atención y comprensión de los mismos alumnos considerados en el inciso anterior e indicará si el maestro tuvo que repetir menos veces la información adicional:_____

_____

Imágenes

Los alumnos proclives al hemisferio derecho prestan mayor atención a las imágenes, símbolos y objetos que a las palabras. El maestro deberá incluir esos elementos tanto como sea posible en sus carteles e instrucciones en el pizarrón. Por ejemplo, podría hacer una reproducción de la cubierta del cuaderno de trabajo y escribir en o junto a ella los números de la página y problema en que los alumnos deberán trabajar.

1. Fecha de la observación:_____

2. Iniciales y ubicación de los alumnos en los que el maestro desea que el observador repare en particular para comprobar los efectos de esta técnica:_____
   _____

3. Para probar este axioma, el maestro no usará imágenes, sino que exhibirá las instrucciones por escrito. Describa el grado de atención y comprensión de los alumnos (referidos en el inciso 2):
   _____
   _____

4. En la misma u otra lección con *instrucciones de salida* de extensión y complejidad equivalentes, el maestro usará imágenes. El observador reparará en la ocurrencia de cambios en el grado de atención y comprensión de los mismos alumnos considerados en el inciso anterior:_____
   _____

Ocultar y exhibir

Si el maestro exhibe las instrucciones de trabajo antes de exponer una lección o durante ella, algunos alumnos comenzarán a trabajar antes de que haya finalizado sus explicaciones. Hay ciertas ventajas en mantener ocultas las instrucciones hasta que el maestro concluya la fase de **Enseñanza** de la lección y el grupo deba iniciar la actividad de escritorio o tarea.

1. Fecha de la observación:_____

2. Iniciales y ubicación de los alumnos en los que el maestro desea que el observador repare en particular para comprobar los efectos de esta técnica. Hasta ahora el observador se ha ocupado de alumnos cinestésicos; en esta actividad reparará en cambio en alumnos con inclinaciones visuales:_____

   _____

3. Para probar este axioma, el maestro exhibirá intencionalmente las instrucciones de salida durante la lección. El observador describirá si los alumnos (referidos en el inciso anterior) proceden de inmediato a la ejecución de las instrucciones._____

   _____

4. En la misma u otra lección con instrucciones de salida de extensión y complejidad equivalentes, el maestro aguardará hasta después de haber impartido las instrucciones de salida para exhibirlas visualmente. El observador describirá la reacción de los estudiantes (referidos en el inciso 2) a la exhibición de las instrucciones en ese momento:_____

   _____

Instrucciones de salida avanzadas

Cuando un alumno se distrae mientras el grupo trabaja, el maestro intentará corregirlo lo más silenciosamente posible, pues el silencio es indispensable para la preservación de un ambiente productivo. Las *instrucciones de salida* suponen un mínimo de comunicación verbal. Las *Instrucciones de salida avanzadas* consisten en numerar las instrucciones en el pizarrón. Durante la **actividad de escritorio**, esto permitirá al maestro remitir silenciosamente a secciones específicas de las *instrucciones*.

El maestro o maestra proporcionará al observador un diagrama de los asientos de los alumnos en el que haya encerrado en un círculo la ubicación de aquellos a los que con mayor probabilidad deberá indicar que se concentren. El observador reparará en particular en el hecho de que el maestro guarde silencio al pedir concentración a esos alumnos mediante el frecuente empleo de señales no verbales. Sería conveniente que el maestro indicara previamente al observador las señales no verbales que empleará. El observador permanecerá en el aula de 10 a 15 minutos durante la fase de **Actividad de escritorio**. Es recomendable que arribe justo antes de la impartición de las *instrucciones de salida*.

OBSERVADOR:_____

Primer ejemplo

Fecha de la observación_____ Hora_____

1. Iniciales o descripción del alumno a quien el maestro indujo a concentrarse:_____

2. Señal no verbal que utilizó el maestro:_____
   _____

3. Reacción del alumno:_____
   _____

4. ¿Esperó el maestro hasta que el alumno se concentrara y respirara al menos dos veces?   SÍ/NO

5. ¿Los estudiantes que ya estaban concentrados no se distrajeron a causa de este procedimiento?   SÍ/NO

6. Describa las reacciones, o ausencia de éstas, de los alumnos distraídos a las *instrucciones de trabajo avanzadas* del maestro:
   _____

                                                                    ☞

Segundo ejemplo

1. Iniciales o descripción del alumno a quien el maestro indujo a concentrarse:_____

2. Señal no verbal que utilizó el maestro:_____
   _____

3. Reacción del alumno:_____
   _____

4. ¿Esperó el maestro hasta que el alumno se concentrara y respirara al menos dos veces?   SÍ/NO

5. ¿Los estudiantes que ya estaban concentrados no se distrajeron a causa de este procedimiento?   SÍ/NO

6. Describa las reacciones, o ausencia de éstas, de los alumnos distraídos a las instrucciones de trabajo avanzadas del maestro:
   _____
   _____

Tercer ejemplo

1. Iniciales o descripción del alumno a quien el maestro indujo a concentrarse:_____

2. Señal no verbal que utilizó el maestro:_____
   _____

3. Reacción del alumno:_____
   _____
   _____

4. ¿Esperó el maestro hasta que el alumno se concentrara y respirara al menos dos veces?   SÍ/NO

5. ¿Los estudiantes que ya estaban concentrados no se distrajeron a causa de este procedimiento?   SÍ/NO

6. Describa las reacciones, o ausencia de éstas, de los alumnos distraídos a las instrucciones de trabajo avanzadas del maestro:
   _____
   _____

Preservación del ambiente productivo: Voz baja

La actividad de escritorio productivo es resultado de una atmósfera visual, la cual comienza con las *instrucciones* visuales y los *VESMI*. ¿Cómo mantener y fomentar ese ambiente una vez transcurridos los *20 segundos más importantes*? En esta hoja de habilidades nos limitaremos a uno de los tres factores que contribuyen al ambiente productivo.

Voz alta o baja

Los estudiantes han sido condicionados a responder a la llamada de atención del maestro o maestra. Esta solicitud puede ser verbal ("¡Atención!", "¡Niños!", "¡Jóvenes!", "Silencio, por favor", "Las miradas hacia acá", etcétera) o no verbal. Uno de los principales medios no verbales para atraer la atención de los alumnos es el volumen de la voz del maestro. Así, es imperativo que éste distinga entre voz alta y baja: deberá usar la primera durante las exposiciones y la segunda durante la **Actividad de escritorio**.

Para probar este argumento, el maestro o maestra hará lo opuesto durante la **Actividad de escritorio**: hablará en voz alta mientras ayuda individualmente a los alumnos. El observador advertirá los movimientos de éstos. He aquí algunas posibilidades:

Lo menos recomendable

- La voz alta del maestro producirá en los alumnos efectos comparables a los de una piedra al ser lanzada en un estanque.

- La voz alta del maestro producirá inicialmente "vibraciones" y después inmovilidad.

- Otras veces, el observador descubrirá que los alumnos se estremecen durante todo el comentario del maestro o únicamente al final de éste.

- En otras ocasiones, los alumnos cercanos al maestro se inmovilizarán, y los demás se estremecerán.

- Si, aparte de alta, la voz del maestro es iracunda, los alumnos se paralizarán como animales asustados.

OBSERVADOR:_____

Voz alta

1. **Primer ejemplo** del uso por el profesor de su "voz de maestro".

   Describa el volumen de la voz del maestro y la duración de su alocución:_____
   _____

   Describa las reacciones de los estudiantes; específicamente, cuán pronto se estremecieron, cuándo dejaron de hacerlo y si ciertos sectores del grupo se vieron más afectados que otros:
   _____
   _____

2. **Segundo ejemplo** del uso por el profesor de su "voz de maestro".

   Describa el volumen de la voz del maestro y la duración de su alocución:_____
   _____

   Describa las reacciones de los estudiantes; específicamente, cuán pronto se estremecieron, cuándo dejaron de hacerlo y si ciertos sectores del grupo se vieron más afectados que otros:
   _____
   _____

Voz baja

De acuerdo con lo planeado, el maestro señalará en forma no verbal al observador que esta vez aplicará el método recomendado y hablará en voz baja al auxiliar personalmente a los estudiantes. Es de suponer que en esta ocasión el observador no advierta estremecimientos en ellos. Descripción de los movimientos, o ausencia de ellos, de los estudiantes:_____
_____
_____
_____

Preservación del ambiente productivo: Paso lento

En la sección anterior el maestro exploró el efecto del volumen de su voz en la concentración del grupo. En esta nueva habilidad examinará las consecuencias de su paso al recorrer el aula para asistir individualmente a los alumnos. Si camina rápidamente por el salón, será como el *bote que, al surcar el lago*, deja una *estela* tras de sí.

OBSERVADOR:_____

Lo menos recomendable

1. Descripción de la trayectoria y ritmo del maestro:
   _____

2. Descripción del efecto en los estudiantes. Sea específico: ¿los estudiantes más afectados se hallaban cerca o lejos del maestro? Preste especial atención a los alumnos cinestésicos (con trastornos de déficit de atención, hiperactivos, etcétera):_____
   _____

   Sería deseable que el maestro repitiera esta actividad, puesto que el efecto acumulativo de la "estela" es geométrico: tras alcanzar la orilla del lago, la estela choca en su retorno con las nuevas ondas producidas por el repetido paso de una lancha de motor.

Lo recomendable

3. El maestro indicará inmediatamente después la adopción de un paso lento y tranquilo. Describa el efecto; es de suponer que no perciba "ondas" en la capacidad de concentración de los alumnos:_____
   _____

   Resuma los efectos del paso del maestro en la productividad de los alumnos, sobre todo de los estudiantes cinestésicos:___
   _____
   _____
   _____

Preservación del ambiente productivo: Mini VESMI

En capítulos anteriores el maestro o maestra aprendió que, al menos inicialmente, puede conseguir mayor productividad en el grupo si en la transición a la actividad de escritorio se sirve de *instrucciones visuales* y de la pausa de *Los 20 segundos más importantes*. En las secciones precedentes nos ocupamos de dos variables para la preservación del ambiente productivo: voz baja y paso lento. La habilidad de esta sección es una combinación de ambas.

Dada la importancia de la comunicación no verbal del maestro y el hecho de que la PAUSA es la señal no verbal más influyente, es conveniente que el maestro haga PAUSAS

- cada vez que deba hablar en voz alta, ya sea con un VESMI, o al menos un *Mini VESMI* (cinco segundos en lugar de 20, por ejemplo)
- después de asistir a cada dos o tres estudiantes en forma consecutiva, para respirar profundamente y observar al grupo.

Para comprobar la veracidad de estos axiomas, el maestro hará lo opuesto; el observador le proporcionará retroalimentación sobre las reacciones de los alumnos.

OBSERVADOR:_____

Lo menos recomendable

1. Describa cómo procedió el maestro durante la actividad de escritorio al hacer intencionalmente un comentario en voz alta y ayudar de inmediato a un alumno. Describa el efecto de "ondas" en el grupo:_____

_____

El maestro deberá repetir varias veces esta actividad, para percibir el efecto acumulativo en el grupo de la omisión de PAUSAS.

2. Durante el mismo período de actividad de escritorio, el maestro hará un comentario en voz alta en la forma recomendada:

- Atraerá la atención del grupo (deberá recordar hablar ligeramente por encima del volumen colectivo, hacer una PAUSA y hablar en voz baja).

- Hará el comentario (hablando lentamente y remarcando las últimas palabras).

- Hará una PAUSA (completa o de *Mini VESMI*) y se desplazará lentamente hacia otro alumno.

Descripción del inciso 2 de la página anterior:_____

_____

Descripción del efecto del inciso 2 en comparación con el inciso 1:

_____

_____

Lo recomendable

Luego de asistir a cada dos o tres alumnos en forma consecutiva, ¿el maestro se yergue, observa al grupo y respira profundamente? Incluso sin que el maestro hable en voz alta, los Vesmi resultan en la concentración del grupo. Son varios los factores por considerar:

- ¿El maestro se yergue, respira y observa después de asistir a cada dos, tres o cuatro alumnos en forma consecutiva? El número depende de la frecuencia con la que deba aquietar al grupo.

- ¿Observa al grupo mientras se yergue y respira?

- Si un alumno le solicita ayuda en ese momento, ¿le señala en forma no verbal que estará con él en un minuto? Debe hacerlo sin mirarlo.

1. Describa las señales del grupo en las que el maestro reparó para determinar la frecuencia de este procedimiento:_____

_____

2. Describa la dirección y duración de la observación del grupo por el maestro:_____
_____

3. Describa la señal no verbal de la que se valió el maestro para indicar a un alumno que solicitaba su ayuda que pronto estaría con él. ¿Lo hizo sin mirarlo?_____
_____
_____

4. Describa los efectos del proceso anterior: ¿el grupo se tranquilizó? ¿La tensión del maestro se redujo? ¿Aumentó la energía tanto del maestro como del grupo?_____
_____

Acertijo de las ardillas

El nailon fue finalmente utilizable en 1939, 12 años después de haber sido concebido. El bolígrafo fue concebido en 1938. ¿Cuánto tiempo transcurrió antes de que fuera posible utilizarlo?

Actividad de escritorio

La influencia del poder es efímera;
el poder de la influencia, permanente.

Aunque los capítulos 7 a 10 son perfeccionamientos de las habilidades presentadas en el capítulo 6, esto es particularmente obvio en este capítulo. Cerciórese de que el maestro o maestra domine las habilidades *Distracción/Neutral/Concentración* y *Método de influencia* antes de abordar las del capítulo 10, cuyo grado de complejidad es el mayor entre las 31 habilidades contenidas en el libro. Este capítulo confirma la validez tanto de la necesidad como de los ingredientes del PODER, al que ubica sin embargo en su debido contexto acerca de la ocasión y medida de su empleo.

Puesto que el tema de este libro es el manejo no verbal del salón de clases, hasta este momento ha concedido especial importancia a la interacción del maestro con el grupo en su conjunto. Este capítulo subraya, en cambio, el contacto individual del profesor con cada estudiante. Tenga en mente que en este libro sólo nos ocupamos de los aspectos de manejo no verbal del intercambio maestro-alumno, por lo que también deben ser consideradas otras perspectivas pedagógicas. El propósito del correcto manejo del aula es conseguir que un alumno distraído trabaje (se concentre). De no lograrlo, los maestros nos vemos obligados a controlar incesantemente a ese alumno, pues éste pasará del estado de distracción al neutral y de éste nuevamente al de distracción. Como ya mencioné, el manejo eficaz del aula sólo lo es cuando conseguimos que los alumnos aprendan. Así, aunque esta obra insiste en las labores de manejo del salón de clases del maestro, éste es sólo uno de los conductos de los binoculares pedagógicos; el otro es la consideración de la perspectiva del plan de estudios.

Notas sobre las habilidades específicas

Del método de poder al de influencia

Aliente al maestro o maestra a practicar varias veces la Descripción general del *método de poder al de influencia*, puesto que las pausas de vacío son un fenómeno escurridizo. Como asesor, practique con el maestro las habilidades de observación. Aconseje la realización de intervenciones sólo tras la observación de pausas de vacío.

Cómo refinar la habilidad "Distracción/Neutral/Concentración"

Esta habilidad consta de dos partes: "Punto a punto" y "Retirada en dos etapas". La primera sección ofrece un criterio filosófico para la clasificación de los alumnos. Si este criterio ofende al maestro o maestra, la sección respectiva puede ser modificada u omitida. Éste es un libro muy variado; cada maestro debe elegir los elementos que considere necesarios.

Reforzamiento positivo: Uno a uno

Esta habilidad puede ser empleada durante la fase de **Enseñanza**, no sólo en la de **Actividad de escritorio**. La Retroalimentación al grupo es muy similar a todas las demás técnicas visuales de este libro: *Instrucciones visuales iniciales, Instrucciones de salida, Detalles adicionales de la habilidad* "Instrucciones de salida" e *Instrucciones de salida avanzadas*. También puede ser usada en la fase de **Enseñanza**, de modo que todas las fases de una lección pueden beneficiarse del empleo por el maestro o maestra de recursos visuales. Éstos inducen poderosamente al maestro a recurrir a mensajes no verbales, puesto que todo lo que el maestro debe decir oralmente también puede ser representado en forma visual. Aliente al maestro o maestra a usar lo más posible los recursos visuales y a elaborar carteles con sus instrucciones más frecuentes.

3 antes de mí

Esta habilidad es ideal para maestros de educación básica.

La mano fantasma

El maestro o maestra deberá haber concluido exitosamente la práctica de la "Retirada en dos etapas" de los Detalles adicionales de la habilidad "Distracción/Neutral/Concentración" antes de abordar esta habilidad. Cerciórese de realizar una simulación frente a usted antes de aplicar esta habilidad en el salón de clases. La *mano fantasma* y la pausa de vacío son las habilidades más complejas de las estrategias no verbales para la enseñanza seguidas por *Del método de poder al de influencia*.

Recordatorio sobre el género

También en este capítulo he intentado emplear los términos "maestro o maestra" y "alumno o alumna".

Del método de poder al de influencia

En la mayoría de las habilidades de las estrategias no verbales sugerí que el maestro o maestra se ejercitara con alumnos poco difíciles, para practicar el dominio del sentido de la oportunidad. Con el alumno promedio el maestro puede usar el método indirecto de la **influencia** para la adopción de una conducta adecuada. Sin embargo, en esta sección nos centraremos en los alumnos más difíciles. Para ellos, la gentileza del *método de influencia* suele ser demasiado sutil. Así, el maestro debe recurrir al **poder** para obtener su atención. El riesgo es que se convierta en "agente de policía". Por lo tanto, debe usar el *poder* para trasladar a un alumno del estado de distracción al neutral; después debe realizar la técnica *Cambie de posición y respire*, y finalmente adoptar el *método de influencia* para desplazar al estudiante del estado neutral al de concentración.

Paciencia

A causa del alto grado de complejidad de las habilidades de este capítulo, el observador debe haber completado antes las siguientes secciones:

- *Distracción/Neutral/Concentración*, formulario individual y para los compañeros.
- *Método de influencia*, formulario individual y para los compañeros.
- *Descontaminación del salón de clases*, formulario individual.
- *Cambie de posición y respire*, formulario individual.
- *Del método de poder al de influencia*, formulario individual.

La práctica de los ejercicios anteriores lo dotará de los conocimientos y capacidades necesarios para ofrecer retroalimentación al maestro o maestra sobre las siguientes habilidades:

- distinción de los estados de distracción, neutral y de concentración
- diferenciación entre:

| poder = método directo | e | influencia = método indirecto |

- asociación de estados mentales con lugares
- la función de la respiración en los elementos precedentes

Descripción general

Partimos del supuesto de que la aplicación del método indirecto no le dio resultado al maestro o maestra. El estudiante cinestésico de extrema inclinación al hemisferio derecho del cerebro es miembro del Club TSP = La Tierra como segundo planeta. Si el maestro se acerca a él muy sutilmente, el alumno seguirá mentalmente ausente. Por lo tanto, deberá adoptar la técnica *Del método de poder al de influencia.* Empleará en principio algunos o todos los componentes no verbales del método directo del poder.

Método de poder

- El maestro se aproxima al alumno por el frente
- Lo mira a los ojos
- Respira agitadamente
- Se halla muy cerca del alumno, hasta casi tocarlo
- Habla, quizá en voz alta

La intervención del maestro ocurrirá en forma ininterrumpida, desde luego; en el siguiente formulario perfilaremos cada etapa por separado.

Una vez obtenida la atención del alumno (lo que significa que éste se ha trasladado al estado neutral), el maestro o maestra adoptará el método indirecto de la influencia. Esto implica eliminar toda señal no verbal bipersonal: contacto visual, respiración agitada, asimiento severo, voz alta, etcétera, para dirigir la atención al contenido.

Método de influencia

- El maestro se desplaza a un lado del alumno
- Mira el trabajo en el pupitre de éste.
- Respira profundamente
- Guarda cierta distancia
- No habla, o lo hace en voz baja

Este paso del personaje disciplinador al educador es básicamente lo que el maestro ya practicó en *LEVANTE LA VOZ (haga una pausa) baje la voz.*

OBSERVADOR:_____

Primer ejemplo

1. Iniciales o descripción del primer alumno:_____

2. Describa qué ocurrió luego de que el maestro se acercó indirectamente a él:_____

_____

3. Describa los aspectos del *método del poder* que utilizó el maestro:

_____

   Describa qué le indicó al maestro que el alumno había vuelto a la Tierra y se encontraba en estado neutral, motivo por el que abandonó el método del poder:_____

_____

   Describa cómo aplicó el maestro la habilidad *Cambie de posición y respire*:_____

4. Describa los aspectos del *método de la influencia* que utilizó el maestro:_____

_____

5. Describa los resultados benéficos tanto para el alumno como para el maestro:_____

_____

Segundo ejemplo

1. Iniciales o descripción del segundo alumno:_____

2. Describa qué ocurrió luego de que el maestro se acercó indirectamente a él:_____

_____

3. Describa los aspectos del *método del poder* que utilizó el maestro:

_____

   Describa qué le indicó al maestro que el alumno había vuelto a la Tierra y se encontraba en estado neutral, motivo por el que abandonó el *método del poder*:_____

_____

   Describa cómo aplicó el maestro la habilidad *Cambie de posición y respire*:_____

4. Describa los aspectos del *método de la influencia* que utilizó el maestro:_____

_____

5. Describa los resultados benéficos tanto para el alumno como para el maestro:_____

Habilidades de observación

Como observador, usted le ha proporcionado retroalimentación al maestro o maestra sobre la realización de la intervención de poder para trasladar a un alumno al estado neutral y sobre la posterior adopción de la intervención de influencia para trasladarlo al estado de concentración. El maestro precisa ahora de retroalimentación sobre una sutil pero poderosa habilidad: la intervención en un momento específico. El argumento es que un estudiante cinestésico distraído puede adoptar las siguientes conductas:

Características del alumno hiperactivo

- impulsivo y sumamente inquieto
- períodos de concentración extremadamente breves
- no se concentra adecuadamente, o no por mucho ·tiempo
- inteligencia superior al promedio
- orientado al exterior, posee una alta tendencia a distraerse

---

A causa de estas propensiones, este tipo de alumnos no permanecen concentrados o distraídos mucho tiempo en un mismo asunto. Son como moscas que zumban azarosamente de un objeto a otro.

El maestro o maestra ha visitado el aula de un compañero para practicar la observación de los siguientes comportamientos de un estudiante: concentración en cierto foco de atención, tránsito a una breve pausa sin foco de atención y posterior concentración en otro foco de atención. Esa breve pausa es lo que llamamos "pausa de vacío", durante la cual no ocurre nada. ¿Cuál es la ventaja de identificar pausas de vacío? El maestro ha efectuado anteriormente una intervención en dos pasos, para trasladar a un estudiante del estado de distracción al neutral y de éste al de concentración. La intervención durante una pausa de vacío ahorra un paso. A causa de la complejidad de esta habilidad, antes de proceder el observador deberá haber llenado el formulario individual de las "Habilidades de observación". Esta práctica es indispensable para el desarrollo de sus habilidades de percepción a fin de que pueda suministrar retroalimentación al maestro sobre esta técnica.

Intervenciones

Durante la pausa de vacío de un alumno es posible realizar varias intervenciones:

Visuales: atrapar la mirada del alumno.
Auditivas: llamarlo por su nombre o carraspear.
Cinestésicas: acercarse a él o tocarlo.

Lo difícil es identificar el momento oportuno. Cuando el maestro descubre a un estudiante en una pausa de vacío y se dispone a intervenir, lo hace cuando éste ya ha transitado de la pausa de vacío a una nueva distracción. La pausa de vacío se le escapa entre el "momento en que descubre" y el "momento en que actúa". Por lo tanto, debe determinar el ritmo o frecuencia de esa pausa. Un estudiante suele ofrecer ciertos indicios del fin de su atención en algo, lo que le permitirá al maestro prever la inminencia de una pausa de vacío. Así, podrá iniciar su intervención (mirar al alumno, llamarlo por su nombre, tocarlo, etcétera) hacia el final de un episodio de atención, para sorprender al alumno justo en una pausa de vacío.

El maestro o maestra dispondrá la visita del observador durante la fase de **Actividad de escritorio** de una lección en la que sea muy probable que ciertos alumnos extremadamente cinestésicos actúen como miembros del Club TSP: La Tierra como segundo planeta. El maestro intervendrá en pausas de vacío de estos alumnos. Lo interesante de la práctica de esta habilidad es que, incluso si el maestro interviene en un episodio de atención y no en una pausa de vacío, aprenderá acerca del ritmo. Al igual que en el entrenamiento de la percepción, aquí no hay fracasos: todo es retroalimentación. Cuando intervenga en una pausa de vacío, el maestro se convencerá de la eficacia de la detección del ritmo y se sentirá motivado a seguir practicando. El maestro podría seleccionar a los mismos alumnos del ejercicio anterior.

OBSERVADOR:_____

Intervención en una pausa de vacío

1. Iniciales o descripción del **tercer alumno:**_____

2. Como observador, describa la frecuencia con la que este alumno se concentra primeramente en un foco de atención, pasa después a una pausa de vacío y se concentra finalmente en otro foco de atención. ¿Cuánto duró su concentración en cada caso?
_____

3. Describa los signos específicos que le indicaron al maestro que el estudiante se acercaba al final de un episodio de atención y estaba a punto de iniciar una pausa de vacío:_____
_____
_____

4. Describa el estilo de intervención que eligió el maestro (visual, auditiva, cinestésica o una combinación de éstas):_____
_____
_____

5. Esta pregunta implica la posesión de experiencia por usted en el manejo de este fenómeno: ¿el maestro intervino en la pausa de vacío, cerca de ella o en un episodio de atención?_____
_____

6. Reflexione en las acciones del maestro. En otras palabras, si la intervención ocurrió efectivamente en una pausa de vacío, ¿el maestro optó de inmediato por el método de influencia? De ser así, describa los detalles. Si la intervención no ocurrió durante una pausa de vacío, reflexione en los componentes del método directo del poder empleados por el maestro.

• • •

1. Iniciales o descripción del cuarto alumno:_____

2. Como observador, describa la frecuencia con la que este alumno se concentra primeramente en un foco de atención, pasa des-

☞

pués a una pausa de vacío y se concentra finalmente en otro foco de atención. ¿Cuánto duró su concentración en cada caso?

_____

_____

3. Describa los signos específicos que le indicaron al maestro que el estudiante se acercaba al final de un episodio de atención y estaba a punto de iniciar una pausa de vacío:_____

_____

_____

4. Describa el estilo de intervención que eligió el maestro (visual, auditiva, cinestésica o una combinación de éstas):_____

_____

_____

5. Esta pregunta implica la posesión de experiencia por usted en el manejo de este fenómeno: ¿el maestro intervino en la pausa de vacío, cerca de ella o en un episodio de atención?_____

_____

6. Dialogue con el maestro sobre sus acciones. En otras palabras, si la intervención ocurrió efectivamente en una pausa de vacío, ¿el maestro optó de inmediato por el método de influencia? De ser así, describa los detalles. Si la intervención no ocurrió durante una pausa de vacío, describa y comente los componentes del método directo del poder empleados por el maestro._____

_____

_____

_____

_____

Cómo refinar la habilidad
"Distracción/Neutral/Concentración"

Como observador, es esencial que usted sepa que las habilidades de **Actividad de escritorio de las estrategias no verbales para la enseñanza** proceden de:

- el método de influencia
- la confirmación de que el alumno está concentrado cuando el maestro se aleja de él

Usted debe conocer estas habilidades, expuestas en los capítulos 1 y 6.

En los Detalles adicionales de la habilidad **"Distracción/Neutral/ Concentración"** nos ocuparemos de dos conceptos: punto a punto y retirada en dos etapas. Dado el grado de complejidad de estas habilidades, usted deberá realizar varias visitas al aula del maestro para brindarle retroalimentación sobre sus graduales progresos.

Punto a punto

Los días caóticos del maestro suelen ser producto de un manejo de la actividad de escritorio al que llamo "punto a punto". ¿Recuerda usted los libros de dibujo en cuyas páginas sólo aparecían puntos numerados? Trazábamos una línea de un punto al siguiente. En sus días frenéticos, el maestro corre de un alumno distraído a otro. Si lo filmaran y viera la cinta en cámara rápida, se vería ir de punto a punto. La diferencia es que el resultado que conseguíamos en el libro de dibujo era una figura lógica.

Formulario

Para efectos de la actividad de escritorio, el maestro ha clasificado a sus alumnos en tres grupos, según el contacto que establece con ellos:

Estudiantes del grupo A: alumnos a los que el maestro ayuda sin necesidad de inducirlos a concentrarse. Sus iniciales son:_____, _____, _____, _____ y _____.

Estudiantes del grupo A y C: alumnos a los que ayuda e induce a concentrarse de cuando en cuando. Sus iniciales son:_____, _____, _____, _____ y _____.

Estudiantes del grupo C: alumnos a los que induce a concentrarse con frecuencia, al grado de que su contacto con ellos se reduce prácticamente a este hecho. Sus iniciales son:_____, _____, _____, _____, _____, _____ y _____.

Así, visite el aula al menos dos veces, aunque preferiblemente tres, durante la fase de **Actividad de escritorio**. Proporcione retroalimentación al maestro sobre el hecho de si realmente establece contacto con los alumnos de las categorías descritas. Para ello, pídale un diagrama de asientos con código de colores sobre la ubicación de cada grupo. Por ejemplo, los alumnos del grupo A podrían aparecer subrayados con rojo, los del grupo A y C con azul y los del grupo C con verde. Escriba una A cada vez que el maestro ayude a un alumno, y una C cada vez que lo induzca a concentrarse.

Luego de dos o tres visitas de 15 minutos cada una, el diagrama podría indicar si efectivamente junto a la representación de los alumnos del grupo A sólo aparecen Aes; Aes y Ces junto a la de los alumnos del grupo A y C, y sólo Ces junto a la de los alumnos del grupo C.

Sugerencias

El maestro conoce sus circunstancias mucho mejor de lo que podría establecerlas cualquier teoría general, de modo que los siguientes son sólo criterios generales que el maestro puede hacer seguir al observador y modificar.

Alumnos del grupo A: Son los alumnos a los que el maestro ayuda en forma individual, algo que a todos los maestros les gusta hacer. Es lamentable que no siempre puedan hacer lo que tanto les agrada: enseñar. Les fascina impartir, facilitar, asistir a los demás. El propósito de este libro es elevar la eficacia de los maestros en el manejo del aula a fin de que puedan dedicar más tiempo a **dar**.

El maestro practicará la aceptación de que forma parte de un sistema incapaz de atender suficientemente a estos alumnos. Ofrézcale retroalimentación acerca de si parece relajado al ayudarlos o, sobre todo, si en ocasiones no puede hacerlo por tener que inducir a otros estudiantes a concentrarse. Sería ideal que el maestro lo invitara en días en que prevea que dedicará más tiempo de la actividad de escritorio a controlar que a ayudar. Nuestra profesión precisa de maestros de gran corazón, pero también capaces de cuidar de sí mismos. Observe al maestro durante la actividad de escritorio de un día no precisamente "bueno".

OBSERVADOR:_____

Escriba sus anotaciones sobre las acciones del maestro. Preste especial atención a su respiración: profunda o agitada._____
_____
_____

Al comentar sus observaciones con el maestro, responda básicamente a estas preguntas:

• Sobre qué ejerce control el maestro.
• Sobre qué no ejerce control.
• Qué implicaría aceptar las condiciones sobre las que no ejerce control.

Escriba con la mayor objetividad posible las respuestas del maestro:
_____
_____
_____

Grupo A y C: Forman este grupo los alumnos a quienes el maestro o maestra ayuda e induce a concentrarse. El maestro ha intentado advertir si existe una correlación entre la ayuda que les brinda y el incremento de su concentración. En otras palabras, ¿la razón de que no se comporten en forma adecuada es que no pueden rendir académicamente? De ser así, el maestro no debe aplicar con ellos el *método de influencia*, pues no le dará resultado. En cambio, debe acudir a ayudarlos tan pronto como destine al grupo a la actividad de escritorio (mediante las *instrucciones de salida* y los *VESMI*). Si no puede hacerlo, debe aceptar la posibilidad de que estos estudiantes no se concentren. Los considerará temporalmente en el grupo C. El axioma en relación con este último grupo es: ¿molestan a otros alumnos? Si no es así y el maestro no dispone de tiempo, debe dejarlos solos. Ofrezca al maestro retroalimentación sobre lo siguiente:

• ¿Se acerca directamente a este grupo, o...
• ...sólo comprueba que no interfiera en el aprendizaje de los demás por el hecho de estar distraído?

◆ De ser cierto esto último, debe intervenir.
◆ De ser cierto lo primero, debe dejar solos a estos alumnos.

OBSERVADOR:_____

> Escriba con la mayor objetividad posible las respuestas del maestro:
>
> _____
>
> _____

Grupo C: Pertenecen a este grupo los alumnos a los que el maestro principalmente controla, a quienes dedica muy poco tiempo de ayuda. El maestro ha reflexionado en si los controla

- por su bien
- o porque su distracción interfiere en el aprendizaje de los demás

Nuestra profesión se distingue por basar sus prácticas en consideraciones filosóficas, aun si no representan un uso eficiente de nuestro tiempo y energía. Ofrezca retroalimentación al maestro sobre si únicamente interviene cuando miembros de este grupo interfieren en el aprendizaje de los demás. No es que el maestro deba ignorar a los alumnos del grupo C que están distraídos pero no molestan a sus compañeros, sino simplemente que su tiempo y energía son limitados y debe ser selectivo.

OBSERVADOR:_____

> Anote sus observaciones sobre las reacciones, o ausencia de ellas, del maestro a los alumnos del grupo C:
>
> _____
>
> _____

Resumen de punto a punto

El maestro ha dividido a sus alumnos en tres grupos:

- Grupo A: los alumnos a los que ayuda
- Grupo A y C: los alumnos a los que ayuda y controla
- Grupo C: los alumnos a los que principalmente controla

El propósito de la práctica de estas habilidades es evitar que el maestro corra por el salón de punto a punto. El tiempo y energía de que dispone durante la actividad de escritorio son limitados. Debe priorizar. Las sugerencias han sido ayudar primero al grupo A y al grupo A y C y distinguir a los alumnos del grupo C que interfieren en el aprendizaje de los demás, e intervenir de ser así. En cambio, a menos que tenga tiempo para ellos, debe dejar solos a los alumnos distraídos que no molestan a sus compañeros.

OBSERVADOR:_____

> Notas del observador sobre la aplicación por el maestro de estas sugerencias:_____
> _____
> _____
> _____

Retirada en dos etapas

Distracción/Neutral/Concentración y el *método de influencia* persiguen que un alumno o alumna pase del estado de distracción al neutral y finalmente al de concentración. El empleo de estas habilidades permite al maestro convertir en positivo el síndrome del contacto negativo con estudiantes en riesgo. Esto plantea un problema: cómo alejarse de un alumno. Ello es difícil por dos razones. A veces el alumno se sentirá "ansioso de contacto" y no querrá que el maestro se retire; otras, la presencia de éste será necesaria para que aquél permanezca concentrado. En uno u otro caso, esta habilidad le será muy útil.

Cuando el alumno se haya concentrado y haya respirado al menos dos veces (es decir, haya inhalado y exhalado dos veces):

A. El maestro deberá erguirse lentamente y mantenerse cerca de él.
B. Puesto que, en una situación positiva, el contacto visual intensifica la calidez de la interacción y suscita por lo tanto un intercambio, el maestro mantendrá fija la vista en el trabajo del alumno. Aquí concluye la primera etapa de su retirada.
C. El maestro retrocederá lenta y gradualmente, de manera que el estudiante no lo perciba. Mirará a éste para cerciorarse de que sigue concentrado independientemente de él.
D. El maestro se retirará lenta y gradualmente.

Aplicación

Las letras del siguiente formulario corresponden a las referidas en la página anterior.

OBSERVADOR:_____

Retirada en dos etapas

Primer estudiante

1. Iniciales o descripción del **primer alumno:**_____

    1A. Describa cuánto tiempo tardó el maestro en erguirse y qué le indicó que el estudiante respiraba profundamente y se había concentrado:_____
_____
_____
_____

    1B. Describa lo que hizo el maestro para mantener fija la vista en el trabajo del alumno:_____
_____
_____
_____

    1C. Describa su lento y gradual retroceso para que el alumno no lo percibiera y mencione si éste prosiguió en su labor. Indique la duración de este paso y si el maestro tuvo que hacer algunas modificaciones a causa de circunstancias inesperadas:_____
_____
_____
_____

    1D. Describa el lento y gradual retiro del maestro y si el estudiante prosiguió en su labor. Indique de nueva cuenta la duración de este paso y si el maestro tuvo que hacer algunas modificaciones a causa de circunstancias inesperadas:
_____
_____
_____

☞

Segundo alumno

2. Iniciales o descripción del segundo alumno:_____

    2A. Describa cuánto tiempo tardó el maestro en erguirse y qué le indicó que el estudiante respiraba profundamente y se había concentrado:_____

    _____

    _____

    _____

    2B. Describa lo que hizo el maestro para mantener fija la vista en el trabajo del alumno:_____

    _____

    _____

    _____

    2C. Describa su lento y gradual retroceso para que el alumno no lo percibiera y mencione si éste prosiguió en su labor. Indique la duración de este paso y si el maestro tuvo que hacer algunas modificaciones a causa de circunstancias inesperadas:_____

    _____

    _____

    _____

    2D. Describa el lento y gradual retiro del maestro y si el estudiante prosiguió en su labor. Indique de nueva cuenta la duración de este paso y si el maestro tuvo que hacer algunas modificaciones a causa de circunstancias inesperadas:

    _____

    _____

    _____

Reforzamiento positivo: Uno a uno

De acuerdo con una encuesta, los maestros que poseen mayor orientación a las personas que a las ideas tienen un nivel de energía más alto y una imagen de sí mismos más satisfactoria cuando dan a sus alumnos "palmadas positivas". A la inversa, su nivel de energía e imagen de sí mismos se deterioran cuando los disciplinan. Es obvia entonces la utilidad de métodos que favorecen el **reforzamiento positivo** y reducen el **reforzamiento negativo**.

Intervalo

A menudo la diferencia entre una palmada y una reprimenda es el *intervalo* entre palmadas. Ubicado junto al proyector, por ejemplo, un maestro pide a los alumnos que muestren alguna aptitud en la pantalla. Intencionalmente ha colocado a Gabriel (estudiante sumamente cinestésico) al frente de una fila para mantenerlo concentrado. Recurre a varias técnicas para interrumpir su distracción e inducirlo a concentrarse. Esto representa, sin embargo, una intervención disciplinaria. Gabriel permanece concentrado alrededor de 30-40 segundos; el maestro interviene cada 60-90 segundos. Si lo "palmeara" cada 25 segundos, el período de concentración de Gabriel se incrementaría, y el profesor derivaría satisfacción del hecho de ejecutar únicamente acciones positivas.

Palmadas

Otra manera de evitar la interacción negativa (disciplinamiento) en favor de la interacción positiva (palmadas) es emitir elogios visuales, auditivos o cinestésicos 20-25 segundos después de una intervención disciplinaria. Esto permite al maestro asegurarse de que el estudiante sepa cuál es su conducta aceptable, y de que en consecuencia pueda atraer la atención en forma positiva.

Este concepto es especialmente aplicable a alumnos inclinados al hemisferio derecho a causa de estos rasgos:

Alumnos inclinados
al hemisferio derecho del cerebro

- Interacción personal
- Breve período de atención
- Tendencia a la distracción
- Necesidad de reforzamiento inmediato

El maestro ya ha practicado estas sugerencias y ahora necesita retro-alimentación sobre la forma en que las aplica y su efecto en los alum-nos. Para practicar el sentido de oportunidad en la aplicación de estas técnicas, el maestro ha elegido a alumnos poco difíciles, no a los más difíciles. Dispondrá la visita del observador en un momento en que sea probable el reforzamiento positivo. Aunque esta habilidad ha sido ubicada en la fase de **Actividad de escritorio** de una lección, también es útil en la de **Enseñanza**.

OBSERVADOR:_____

Primer alumno

1. Iniciales o descripción del primer alumno:_____

2. Describa la conducta inadecuada del alumno:_____
   _____
   _____

3. El maestro realizará su proceso normal de intervención disciplinaria.

   • ¿Cuán frecuentemente lo realizó? ("Cada _____ segundos o minutos", por ejemplo.)

   • ¿Cuánto tiempo permaneció concentrado el alumno?_____
     _____

4. El maestro practicará ahora la técnica de reforzamiento positivo. Realizará inicialmente su proceso normal de intervención disciplina-ria. Después, aún concentrado el alumno, elogiará su conducta.

   • ¿Cómo supo el maestro que podía esperar cuanto esperó? En otras palabras, ¿cuáles fueron las indicaciones de que el estu-diante seguía concentrado pero estaba a punto de distraerse?
     _____
     _____
     _____
     _____

   • ¿Cuál fue el elogio o reforzamiento positivo del maestro? No hay que olvidar que en ocasiones los reforzamientos no verba-les son mejores que los verbales:_____
     _____
     _____

5. Describa brevemente los resultados. Indique en especial si aumentó el período de concentración del alumno._____

_____

_____

_____

Segundo alumno

1. Iniciales o descripción del segundo alumno:_____

2. Describa la conducta inadecuada del alumno:_____

_____

_____

3. El maestro realizará su proceso normal de intervención disciplinaria.

   • ¿Cuán frecuentemente lo realizó? ("Cada _____ segundos o minutos", por ejemplo.)

   • ¿Cuánto tiempo permaneció concentrado el alumno?_____

   _____

4. El maestro practicará ahora la técnica de *reforzamiento positivo*. Realizará inicialmente su proceso normal de intervención disciplinaria. Después, aún concentrado el alumno, elogiará su conducta.

   • ¿Cómo supo el maestro que podía esperar cuanto esperó? En otras palabras, ¿cuáles fueron las indicaciones de que el estudiante seguía concentrado pero estaba a punto de distraerse?

   _____

   _____

   • ¿Cuál fue el elogio o reforzamiento positivo del maestro? No hay que olvidar que en ocasiones los reforzamientos no verbales son mejores que los verbales:_____

   _____

   _____

5. Describa brevemente los resultados. Indique en especial si aumentó el período de concentración del alumno._____

_____

_____

_____

Reforzamiento positivo:
Retroalimentación al grupo

La **actividad de escritorio** es más productivo cuando los alumnos están relajados además de concentrados. Si algunos de ellos se distraen, el maestro debe darles retroalimentación sobre lo que espera de ellos, y sobre la diferencia entre lo que hacen y esas expectativas. Pero si emite oralmente esa retroalimentación, se convertirá en "agente de tránsito", lo que significa que deberá permanecer visiblemente presente, motivo por el cual no podrá prestar ayuda individual a otros alumnos. Aunque de este modo contribuye a la productividad del grupo, recurre al *método de poder*, lo que entre otras cosas quiere decir que los alumnos no están relajados. Asimismo, provoca que éstos perciban que deben concentrarse a causa del maestro, no de su motivación personal.

En la sección anterior exploramos el conocido concepto de "sorprender a alguien en una buena acción" en situaciones individuales. Esta vez lo que el maestro persigue es dar a los alumnos, mediante el método de influencia, una palmada positiva colectiva mientras siguen concentrados pero están a punto de dejar de estarlo. Este procedimiento rinde numerosos subproductos: los estudiantes se convencen de que se motivan a sí mismos y se sienten relajados, mientras que el maestro puede seguir prestando ayuda individual. Para dar retroalimentación en silencio puede recurrir a señales visuales no verbales. Los ejemplos ofrecidos en las páginas 140-141 son eficaces hasta 4° grado y deben modificarse un tanto para la educación media y en mayor medida para la media superior.

El maestro ha elaborado un plan para ofrecer a su grupo retroalimentación visual con objeto de reforzar el comportamiento deseable. El observador deberá proporcionar retroalimentación al maestro sobre lo siguiente:

OBSERVADOR:_____

1. Describa el sistema de retroalimentación visual del maestro:___
_____
_____

2. Describa el empleo que el maestro hace de él:_____
_____
_____

3. Describa los efectos del sistema en el grupo y sus ventajas:___
_____

3 antes de mí

Sabemos que la atmósfera más productiva para la actividad de escritorio es un ambiente "visual" en el que el control sea ejercido con un máximo de comunicación no verbal. Todo comienza con la exhibición visual de las instrucciones en el pizarrón. También sabemos que la actividad de escritorio es el momento en que el maestro puede trabajar individualmente con los alumnos. La habilidad de esta sección se centra en el incremento de la independencia de los alumnos en lo relativo a sus actos. Cuanto más independientes sean, el maestro dispondrá de más tiempo para ayudar a otros alumnos. Esta habilidad es adecuada para alumnos de jardín de niños a 5° grado de primaria.

El maestro se reunirá con el observador para mostrarle su cartel "3 antes de mí" e indicarle la forma en que lo aplicará, tema sobre el que justamente necesita retroalimentación.

OBSERVADOR:_____

1. Texto del cartel:_____

   _____

2. Particularidades sobre las que el maestro observado desea retroalimentación (un alumno específico, por ejemplo):_____

   _____

3. ¿El maestro señaló en forma no verbal el cartel? Como observador, asístalo en especial en tres áreas:

   • ¿Hizo la señal verbal en forma lenta y respetuosa?   SI/NO

   • ¿El proceso ocurrió con mínima interrupción del estudiante al que el maestro ayudaba cuando otro se acercó a él? La razón de la importancia de este aspecto es que un alumno podría sentirse psicológicamente ansioso de contacto, y dispuesto por lo tanto a causar problemas para conseguir el contacto.
   SI/NO

   • Describa si algún alumno se acercó al maestro con una señal no verbal (tres dedos al frente, por ejemplo) para indicar que había cumplido con *3 antes de mí* y buscaba de modo adecuado la ayuda del maestro. Es de suponer que el maestro haya concluido respetuosamente la interacción con el estudiante con el que se encontraba antes de que cediera su atención al segundo estudiante_____

   _____

La mano fantasma

Un alumno cinestésico parecería necesitar la presencia del maestro para mantenerse concentrado durante la actividad de escritorio. Pero aunque desee vivamente estas visitas individuales, el maestro debe asistir y supervisar a todos los alumnos. Así pues, ¿cómo hacer sentir su presencia (en forma positiva) a la distancia?

La respuesta a esta pregunta implica que el maestro y el observador ya dominen el *método de influencia*; en consecuencia, el observador está al tanto de la importancia de que el maestro se acerque a un estudiante concentrado para que su presencia represente un "contacto positivo". El observador brindará retroalimentación al maestro sobre su capacidad para abandonar al estudiante con la sensación del contacto positivo y para seguir haciendo sentir su presencia a pesar de haberse retirado. Dado el grado de complejidad de estas habilidades perceptuales, para realizar su labor el observador debe haber llenado antes el formulario individual de *La mano fantasma*. con objeto de que, en una simulación con un colega y en su propia aula con sus alumnos, haya practicado las cuatro partes de La mano fantasma:

- Intensificación del contacto
- Reducción del contacto
- Elevación
- Retiro

El maestro dispondrá la visita del observador durante la fase de actividad de escritorio de una lección.

OBSERVADOR:_____

Iniciales o descripción del **primer alumno:**_____

1. Descripción de la manera en que el maestro consiguió que el alumno pasara de la distracción a la concentración:_____
   _____

2. ¿Mantuvo el maestro INMÓVILES EL TORSO Y, SOBRE TODO, LOS PIES mientras MIRABA EL TRABAJO DEL ALUMNO?_____
   _____ ☞

---

3. ¿Realizó el maestro lo siguiente? (Quizá usted deba deducir algunos elementos.)

Intensificación del contacto

_____ contacto original con los dedos extendidos

_____ intensificación inicial

_____ intensificación adicional

Reducción del contacto

_____ retroceso de la intensificación adicional a la inicial

_____ retroceso de la intensificación inicial al contacto original

_____ retroceso *gradual* al contacto leve

Elevación

_____ elevación *gradual* de la mano a 1 centímetro del punto de contacto

_____ elevación *gradual* de la mano a 30 centímetros del punto de contacto

_____ retiro *gradual* de la mano

Retiro

_____ retiro *lento* imperceptible para el alumno

Descripción de los resultados de la ejecución por el maestro de *La mano fantasma* (cuánto tiempo se mantuvo concentrado el alumno, por ejemplo)._____

_____

_____

_____

Iniciales o descripción del **segundo alumno:**_____

1. Descripción de la manera en que el maestro consiguió que el alumno pasara de la distracción a la concentración:_____

_____

_____

_____

2. ¿Mantuvo el maestro INMÓVILES EL TORSO Y, SOBRE TODO, LOS PIES mientras MIRABA EL TRABAJO DEL ALUMNO?_____

_____

3. ¿Realizó el maestro lo siguiente? (Quizá usted deba deducir algunos elementos.)

Intensificación del contacto

_____ contacto original con los dedos extendidos

_____ intensificación inicial

_____ intensificación adicional

Reducción del contacto

_____ retroceso de la intensificación adicional a la inicial

_____ retroceso de la intensificación inicial al contacto original

_____ retroceso *gradual* al contacto leve

Elevación

_____ elevación *gradual* de la mano a 1 centímetro del punto de contacto

_____ elevación *gradual* de la mano a 30 centímetros del punto de contacto

_____ retiro *gradual* de la mano

Retiro

_____ retiro *lento* imperceptible para el alumno

Descripción de los resultados de la ejecución por el maestro de *La mano fantasma* (cuánto tiempo se mantuvo concentrado el alumno, por ejemplo).

Actividad opcional

Quizá el maestro desee practicar el tipo de contacto menos eficaz y recibir retroalimentación de usted acerca del efecto de este contacto en un alumno. Para aislar y probar esta variable, el maestro ejecutará primeramente el método recomendado (los números 1-4 que aparecen a continuación) y después alguno de los métodos no recomendados. El maestro

1. Se acercará indirectamente a un alumno concentrado.

2. Realizará el contacto original.

3. Realizará la intensificación inicial.

4. Realizará la intensificación adicional.

Aplicará en seguida un método no recomendado, consistentes todos ellos en el abandono del contacto:

- El maestro palmeará la espalda del alumno y moverá al mismo tiempo los pies para retirarse. Llamamos a esta práctica "eructo de bebé".
- Frotará o "barrerá" la espalda del alumno. Llamamos a esta práctica "barrido".
- Moverá los pies al retirar la mano.

Iniciales de uno de los dos alumnos anteriores:_____

Indique cuál de los tipos de contacto menos eficaces aplicó el maestro:

_____ "Eructo de bebé"

_____ "Barrido"

_____ Elevación de la mano y retiro simultáneo

Comente los resultados; por ejemplo, duración del período de concentración del alumno en comparación con el método recomendado.

Capítulo once

El último capítulo

Muchos lectores inspeccionan un libro leyendo primero el último capítulo. En él obtienen un resumen de la esencia del texto y de las aplicaciones que les ofrece. El último segmento suele ser la culminación del libro, pero esto ocurre con las obras cognoscitivas. Éste, en cambio, no es un libro "teórico", sino "práctico". Así, si usted se ha remitido a esta página para, como dice mi hijo universitario, "sondear las profundidades" de este libro, en realidad debe remitirse al capítulo 1, "Las siete estrellas-guía".

Acertijo de las ardillas

El período de este ejemplo es uno de los más breves: el bolígrafo fue utilizable en 1945, siete años después de haber sido concebido. El maíz híbrido fue concebido en 1908. ¿Cuánto tiempo transcurrió antes de que fuera finalmente utilizable? (Esta vez sí tendrá que ser muy paciente, porque deberá esperar a la aparición de la secuela de las estrategias no verbales para la enseñanza a fin de conocer la respuesta.)

Apéndice

Lista de comprobación de los capítulos

Las siguientes listas de comprobación deberán ser llenadas tras la conclusión de los formularios IN-DIVIDUALES y para los COMPAÑEROS. Son una síntesis holística de los conceptos de las estrategias no verbales para la enseñanza. Las hemos enunciado en tercera persona, en referencia al "maestro", pero pueden ser fácilmente utilizadas tanto por este mismo como por el observador y el evaluador. No todos los elementos enlistados son aplicables a todas las lecciones ni armonizan con todo tipo de contenido, nivel educativo o estilo de operación del maestro.

Las listas de comprobación del capítulo 1 abarcan las cuatro fases de una lección. Las habilidades de ese capítulo son con mucho las siete aptitudes más importantes. En los capítulos 2 a 5 son abordadas con gran detalle cada una de las cuatro fases de una lección. Las habilidades incluidas en el capítulo 1 reaparecen en los capítulos 2 a 5, en asociación con la fase respectiva.

Lista de comprobación de las siete estrellas-guía

Las "siete estrellas" del capítulo 1 son ideales para la revisión general de una lección completa. Marque los elementos ejecutados. Escriba "NA" en los no aplicables. Anote detalles adicionales en las secciones de "Comentarios". Nuestra premisa es que la retroalimentación específica es significativa y constructiva; los comentarios abstractos e inespecíficos son demasiado subjetivos e insustanciales para permitir al maestro el aprovechamiento de la retroalimentación.

Captar la atención

Congelar el movimiento de su cuerpo

_____ ¿Se mantuvo inmóvil el maestro?

LEVANTE LA VOZ (haga una pausa) baje la voz

_____ ¿La voz del maestro fue superior al volumen colectivo del grupo?
_____ ¿Hizo el maestro una p a u s a tras atraer la atención del grupo?
_____ (opcional) ¿Redujo gradualmente el maestro el volumen de su voz cuando el grupo guardó silencio?
_____ ¿Redujo el maestro el volumen de su voz después de la p a u s a?
Comentarios:_____

_____

_____

_____

Enseñanza

Levantar la mano o responder

_____ El *método más eficaz*: ¿Emitió el maestro señales verbales y no verbales al iniciar cada una de las siguientes modalidades?

_____ Sólo habla usted

_____ Los alumnos levantan la mano

_____ Habla el primer alumno que cree saber la respuesta

_____ El *mejor procedimiento*: ¿Eliminó el maestro el nivel verbal para conservar únicamente los gestos no verbales?
_____ La *técnica ideal*: Luego de que los alumnos respondieron a los gestos no verbales del maestro, ¿éste abandonó tanto el nivel verbal como el no verbal para depender únicamente del impulso?

_____ *Tenga especial cuidado cuando*: Si el maestro pasó de una modalidad como "Habla el primer alumno que cree saber la respuesta" a una a la izquierda de ésta, como "Los alumnos levantan la mano", ¿redujo el volumen de su voz y permaneció inmóvil?

Comentarios:_____

_____

_____

_____

Transición a la actividad de escritorio

Instrucciones de salida

_____ ¿Presentó el maestro visualmente las instrucciones para la actividad de escritorio o la tarea?

_____ ¿Exhibió y leyó lo siguiente?

    _____ Qué hacer

    _____ Cómo hacerlo

    _____ Cuándo entregarlo

    _____ Dónde integrarlo al terminar

    _____ Qué harán los alumnos al concluir lo anterior

_____ Señales no verbales: ¿Utilizó sistemáticamente el maestro un lugar del pizarrón y gises de ciertos colores para distinguir entre las instrucciones y la información adicional en el pizarrón?

_____ Elaboración de carteles: ¿Presentó el maestro en carteles toda o parte de la información?

VESMI

_____ ¿Leyó el maestro las instrucciones de trabajo visuales?

_____ ¿Preguntó si había dudas y escribió la información adicional?

_____ ¿Indicó verbalmente a los alumnos que comenzaran a trabajar?

_____ ¿Se mantuvo inmóvil durante 20 segundos?

_____ ¿Emitió señales no verbales para indicar a un alumno que le solicitó ayuda durante el período de 20 segundos que estaría con él en un minuto?

_____ ¿Se desplazó lentamente a prestar ayuda individual a los alumnos?

Comentarios:_____

_____

_____

_____

Actividad de escritorio

Distracción/Neutral/Concentración

_____ ¿Caminó el maestro lentamente al acercarse a un estudiante relativamente distraído?

_____ ¿Permaneció junto a él hasta que éste hubo respirado dos veces, como indicación de que había pasado del estado de distracción al neutral y de éste al de concentración?

_____ ¿Se retiró el maestro de tal forma que el estudiante no lo percibiera?

Método de influencia

_____ ¿Se acercó el maestro a un alumno relativamente distraído sin mirarlo a los ojos?

_____ ¿Se detuvo cuando el alumno transitó del estado de distracción al neutral?

_____ ¿Permaneció atento, al menos periféricamente, al alumno de su interés?

_____ Si, tras haber transitado al estado neutral, el alumno volvió a distraerse, ¿el maestro se acercó más a él y añadió, de ser necesario, componentes no verbales del método de poder?

_____ Si, tras haber transitado al estado neutral, el alumno pasó posteriormente al de concentración, ¿esperó el maestro hasta que éste respirara dos veces antes de colocarse a su lado para ejercer algún tipo de "contacto positivo"?

Comentarios:_____

_____

_____

_____

Lista de comprobación de Captar la atención

Congelar el movimiento de su cuerpo

_____ ¿Se mantuvo inmóvil el maestro?
Comentarios:_____
_____
_____
_____

LEVANTE LA VOZ (haga una pausa) baje la voz

_____ ¿La voz del maestro fue superior al volumen colectivo del grupo?
_____ ¿Hizo el maestro una p a u s a tras atraer la atención del grupo?
_____ (opcional) ¿Redujo gradualmente el maestro el volumen de su voz cuando el grupo guardó silencio?
_____ ¿Redujo el maestro el volumen de su voz después de la p a u s a?
Comentarios:_____
_____
_____
_____

Cómo refinar la habilidad
"Congelar el movimiento de su cuerpo"

_____ ¿Se encontraba el maestro al frente del salón al solicitar la atención del grupo?
_____ ¿Dirigió al frente las puntas de los pies?
_____ ¿Se apoyó firmemente en ambos pies?
_____ ¿Emitió una expresión breve al solicitar la atención del grupo?
Comentarios:_____
_____
_____
_____

Instrucciones visuales iniciales

_____ ¿Presentó el maestro en el pizarrón una actividad de calentamiento académico?
_____ ¿La generalidad de los estudiantes participaron exitosamente en la actividad al grado de que cabe suponer que ésta estuvo al alcance de sus capacidades?
_____ ¿Empleó el maestro el pizarrón para describir los útiles y materiales que los alumnos debían disponer sobre su pupitre?

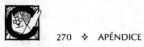

_____ ¿Recibió el maestro a los alumnos y dirigió en forma no verbal su atención a las instrucciones en el pizarrón?

_____ ¿Utilizó carteles el maestro?

Procedimiento de emergencia "Cuando no hay tiempo"

_____ El maestro no estaba preparado para la clase, real o fingidamente. ¿Escribió las instrucciones en el pizarrón mientras los alumnos entraban al aula?

_____ Luego de escribir las instrucciones, el maestro solicitó la atención de los alumnos. ¿Se mantuvo inmóvil e hizo una pausa después de su comentario inicial (el cual debió ser superior al volumen colectivo del grupo)?

Comentarios:_____

_____

_____

_____

Oraciones incompletas

_____ En un día del hemisferio derecho o como práctica para un día de ese tipo, ¿interrumpió el maestro una oración que apenas iniciaba y en un punto poco natural de ésta (pues lo más eficaz es dividir una palabra)?

_____ ¿El volumen de la voz del maestro fue similar o ligeramente superior al volumen colectivo del grupo?

_____ ¿Se mantuvo inmóvil durante la emisión de la oración incompleta y durante la breve pausa posterior?

_____ ¿Cambió de posición y respiró tras la breve pausa posterior a la *oración incompleta*?

_____ Después de la pausa, ¿redujo el volumen de su voz y habló lentamente al emitir la oración completa?

Comentarios:_____

_____

_____

_____

Comentarios positivos

_____ ¿Realizó el maestro comentarios positivos para reforzar conductas adecuadas?

_____ ¿Realizó el maestro comentarios positivos para reconocer a individuos con objeto de convertirlos en modelo a seguir para los demás?

_____ ¿Realizó el maestro comentarios positivos para reconocer al grupo en general con objeto de reforzar conductas deseables?

_____ ¿Utilizó tácitamente el maestro la palabra "yo" (como en "Te felici-to") como si poseyera una profunda relación de afinidad con el alumno aludido?

Comentarios:_____

_____

_____

_____

Descontaminación del salón de clases

A causa de la naturaleza de esta habilidad, su lista de comprobación incluye elementos de dos actividades adicionales a la enseñanza regular: disciplina-miento del grupo y otra actividad.

Al disciplinar al grupo:

_____ ¿Abandonó el maestro los siguientes aspectos no verbales de la "en-señanza" al frente del salón mientras se dirigía al sitio del "discipli-namiento grupal"?

> _____ gis

> _____ libro de texto y documentos

> _____ apagado del proyector

> _____ expresión facial, tipo de voz y postura corporal asociados con la enseñanza

_____ Al llegar al sitio del "disciplinamiento grupal", ¿distinguió el maestro entre captar la atención del grupo y el mensaje emitido?

_____ ¿Volvió el maestro al sitio de enseñanza y adoptó de nuevo la expre-sión facial, tipo de voz, postura corporal y comunicación no verbal anteriores (gis, libro de texto, documentos, etcétera)?

Al realizar una actividad diferente a la "enseñanza regular":

_____ ¿Se dirigió el maestro a un sitio del salón diferente a aquel desde el que normalmente enseña?

_____ ¿Adoptó una comunicación no verbal diferente a la normal durante la "enseñanza regular", como distinta expresión facial, tipo de voz, postura corporal o uso de objetos?

_____ ¿Volvió el maestro al sitio de enseñanza regular y adoptó de nuevo la expresión facial, tipo de voz, postura corporal y comunicación no verbal asociados con la enseñanza de rutina?

Comentarios:_____

_____

_____

_____

Cambie de posición y respire

Marque la situación en la que el maestro aplicó las técnicas de *Cambie de posición y respire*:

_____ Disciplinamiento grupal

_____ Disciplinamiento individual

_____ *Oración incompleta*

_____ Grito de emergencia

_____ Concluida una de las situaciones anteriores, ¿el maestro cambió de posición y respiró profundamente?

_____ ¿Olvidó de inmediato el maestro el incidente recién ocurrido? En otras palabras, ¿no hizo referencia a él ("sigamos", etcétera)?

_____ ¿Adoptó de nuevo el maestro la comunicación verbal y no verbal asociada con la nueva actividad y esta comunicación fue distinta a la mostrada durante el incidente?

Comentarios:_____

_____

_____

_____

Luz amarilla

Concentrados en su trabajo, los alumnos no prestan atención al maestro.

_____ ¿Indicó el maestro con un aviso que se acercaba el momento de dirigir a él la atención?

_____ ¿El volumen de la voz del maestro permitió a los alumnos seguir trabajando?

_____ ¿El maestro repitió el aviso?

_____ De ser así, ¿remarcó las últimas palabras con voz lenta y baja?

Durante la "modalidad interactiva" de la lección, el maestro desea indicar que se acerca el momento en que sólo hablará él.

_____ ¿Indicó el maestro cuántos alumnos más podrían hablar?

_____ ¿El volumen de la voz del maestro permitió a los alumnos seguir realizando la actividad?

Comentarios:_____

_____

_____

_____

Lista de comprobación de Enseñanza

Levantar la mano o responder

_____ El *método más eficaz*: ¿Emitió el maestro señales verbales y no verbales al iniciar cada una de las siguientes modalidades?

_____ Sólo habla usted

_____ Los alumnos levantan la mano

_____ Habla el primer alumno que cree saber la respuesta

_____ El *mejor procedimiento*: ¿Eliminó el maestro el nivel verbal para conservar únicamente los gestos no verbales?

_____ La *técnica ideal*: Luego de que los alumnos respondieron a los gestos no verbales del maestro, ¿éste abandonó tanto el nivel verbal como el no verbal para depender únicamente del impulso?

_____ *Tenga especial cuidado cuando*: Si el maestro pasó de una modalidad como "Habla el primer alumno que cree saber la respuesta" a una a la izquierda de ésta, como "Los alumnos levantan la mano", ¿redujo el volumen de su voz y permaneció inmóvil?

Comentarios:_____
_____
_____
_____

Cómo refinar la habilidad "Levantar la mano o responder"

En presencia de alto interés en el contenido:

_____ ¿Indicó el maestro la modalidad de la respuesta antes de formular la pregunta de contenido?

¿Qué modalidad de respuesta indicó?

_____ Los alumnos levantan la mano

_____ Responde un alumno específico

_____ Habla el primer alumno que cree saber la respuesta

_____ Los alumnos levantan la mano y recitan después la respuesta al unísono

_____ Otra: _____

En presencia de bajo interés en el contenido:

_____ ¿Formuló el maestro la pregunta de contenido antes de indicar la modalidad de respuesta?

¿Qué modalidad de respuesta indicó?

_____ Los alumnos levantan la mano

_____ Responde un alumno específico

_____ Habla el primer alumno que cree saber la respuesta

_____ Los alumnos levantan la mano y recitan después la respuesta al unísono

_____ Otra: _____

Comentarios:_____

_____

_____

_____

Incremento de señales no verbales

Nuevas señales no verbales para efectos académicos emitidas por el maestro y su significado:

_____ hecho _____ = _____

_____ hecho _____ = _____

_____ hecho _____ = _____

_____ hecho _____ = _____

Nuevas señales no verbales para efectos de control emitidas por el maestro y su significado:

_____ hecho _____ = _____

_____ hecho _____ = _____

_____ hecho _____ = _____

_____ hecho _____ = _____

Comentarios:_____

_____

_____

_____

Empalme

_____ Antes de concluir una actividad, ¿anunció el maestro la siguiente? ¿Se prepararon los alumnos para la siguiente actividad y el maestro concluyó con ellos la actividad anterior?

_____ ¿Todas o algunas de las instrucciones de la actividad subsiguiente fueron exhibidas visualmente?

_____ ¿Sería posible vaciar en carteles todas o algunas de esas instrucciones?

Comentarios (explore con el maestro la efectiva existencia de efectos positivos de la aplicación de esta técnica sobre el grado de concentración de los alumnos):_____

_____

_____

_____

El lado opuesto del salón

_____ ¿Se alejó el maestro del estudiante que alzó la mano?

_____ ¿Lo hizo sin mirarlo?

_____ ¿Se remitió a ese estudiante desde el lado opuesto del salón?

Comentarios:_____

_____

_____

_____

Aproximación verbal a alumnos inaccesibles

_____ ¿Conoce el maestro al menos dos temas de interés del alumno inaccesible?

_____ ¿Introdujo un tema de interés cuando el alumno comenzó a distraerse?

_____ ¿Se volvió al notar que el alumno lo miraba?

_____ ¿El alumno siguió prestando atención al maestro?

Comentarios:_____

_____

_____

_____

Diga los verbos al final

_____ ¿Dijo el maestro los verbos al final de una serie de instrucciones?

_____ ¿Emitió instrucciones el maestro con un gesto de "alto"?

_____ ¿Presentó visualmente la información esencial?

Comentarios:_____

_____

_____

Lista de comprobación
de Transición a la actividad de escritorio

Instrucciones de salida

_____ ¿Presentó el maestro visualmente las instrucciones para la actividad de escritorio o la tarea?

_____ ¿Exhibió y leyó lo siguiente?

    _____ Qué hacer

    _____ Cómo hacerlo

    _____ Cuándo entregarlo

    _____ Dónde integrarlo al terminar

    _____ Qué harán los alumnos al concluir lo anterior

_____ Señales no verbales: ¿Utilizó sistemáticamente el maestro un lugar del pizarrón y gises de ciertos colores para distinguir entre las instrucciones y la información adicional en el pizarrón?

_____ Elaboración de carteles: ¿Presentó el maestro en carteles toda o parte de la información?

Comentarios:_____

_____

_____

_____

VESMI

_____ ¿Leyó el maestro las _instrucciones de salida_ visuales?

_____ ¿Preguntó si había dudas y escribió la información adicional?

_____ ¿Indicó verbalmente a los alumnos que comenzaran a trabajar?

_____ ¿Se mantuvo inmóvil durante 20 segundos?

_____ ¿Emitió señales no verbales para indicar a un alumno que le solicitó ayuda durante el período de 20 segundos que estaría con él en un minuto?

_____ ¿Se desplazó lentamente a prestar ayuda individual a los alumnos?

Comentarios:_____

_____

_____

_____

Cómo refinar la habilidad "Instrucciones de salida"

Señale en silencio:

_____ En caso de que un estudiante haya preguntado al maestro qué debía hacer, ¿el maestro señaló en silencio la información respectiva en el pizarrón?

_____ ¿Evitó o redujo al mínimo el contacto visual con el estudiante al señalar en silencio la información en el pizarrón?

Consultas:

_____ Si los alumnos solicitaron información que no aparecía en el pizarrón, ¿escribió el maestro esa información además de contestar oralmente?

Imágenes:

_____ ¿Usó imágenes el maestro para facilitar a alumnos inclinados al hemisferio derecho la comprensión, recuerdo y ejecución de las instrucciones de salida?

Ocultar y exhibir:

_____ ¿Preparó con anticipación y ocultó el maestro las instrucciones de salida? ¿Las exhibió cuando estuvo listo para explicarlas?

Comentarios:_____

_____

_____

_____

Instrucciones de salida avanzadas

_____ ¿Numeró el maestro las *instrucciones de salida*?

_____ Al distraerse un alumno, ¿llamó el maestro su atención con un mínimo de palabras?

_____ ¿Pidió el maestro en forma no verbal al alumno indicar el número de las instrucciones de salida en el que estaba ocupado?

_____ Tras responder el alumno, ¿esperó el maestro a que éste se concentrara y respirara al menos dos veces antes de reanudar sus actividades?

_____ Mientras el maestro realizaba este procedimiento, ¿el grupo permaneció concentrado?

Comentarios:_____

_____

_____

_____

Preservación del ambiente productivo: Voz baja

_____ ¿Habló el maestro en *voz baja* al asistir individualmente a los alumnos?

Comentarios:_____
_____
_____
_____

Preservación del ambiente productivo: Paso lento

_____ ¿Caminó lentamente el maestro durante la **Actividad de escritorio**
para que los alumnos pudieran concentrarse?

Comentarios:_____
_____
_____
_____

Preservación del ambiente productivo: Mini VESMI

_____ Si el maestro tuvo que realizar un aviso durante la **Actividad de
escritorio**, ¿atrajo la atención del grupo con un volumen de voz ligeramente superior al volumen colectivo del grupo?

_____ Al acercarse al fin del aviso, ¿habló en voz más lenta para remarcar
esa parte del mensaje?

_____ ¿Hizo una pausa después de emitir el aviso?

_____ Tras ayudar en forma consecutiva a cada dos o tres estudiantes, ¿el
maestro se irguió, miró al grupo y respiró?

_____ ¿Miró el maestro al grupo al erguirse y respirar?

_____ ¿Indicó en forma no verbal al siguiente estudiante que estaría con él
en un minuto?

Comentarios:_____
_____
_____
_____

Lista de comprobación de Actividad de escritorio

Distracción/Neutral/Concentración

_____ ¿Caminó el maestro lentamente al acercarse a un estudiante relativamente distraído?

_____ ¿Permaneció junto a él hasta que éste hubo respirado dos veces, como indicación de que había pasado del estado de distracción al neutral y de éste al de concentración?

_____ ¿Se retiró el maestro de tal forma que el estudiante no lo percibiera?

Comentarios:_____

_____

_____

_____

Método de influencia

_____ ¿Se acercó el maestro a un alumno relativamente distraído sin mirarlo a los ojos?

_____ ¿Se detuvo cuando el alumno transitó del estado de distracción al neutral?

_____ ¿Permaneció atento, al menos periféricamente, al alumno de su interés?

_____ Si, tras haber transitado al estado neutral, el alumno volvió a distraerse, ¿el maestro se acercó más a él y añadió, de ser necesario, componentes no verbales del *método del poder*?

_____ Si, tras haber transitado al estado neutral, el alumno pasó posteriormente al de concentración, ¿esperó el maestro hasta que éste respirara dos veces antes de colocarse a su lado para ejercer algún tipo de "contacto positivo"?

Comentarios:_____

_____

_____

_____

Del método de poder al de influencia

_____ Si un alumno específico no respondió al *método de influencia*, ¿adoptó el maestro el *método de poder*?

Marque los componentes del *método de poder* empleados por el maestro:

_____ El maestro se aproxima al alumno por el frente

_____ Lo mira a los ojos

_____ Respira agitadamente

_____   Se mantiene muy cerca de él, hasta casi tocarlo

_____   Habla, quizá en voz alta

_____   Una vez que el alumno se trasladó al estado neutral, ¿optó el maestro por el *método de influencia*?

Marque los componentes del *método de influencia* empleados por el maestro:

_____   El maestro se coloca al lado del estudiante

_____   Mira el trabajo en el pupitre del estudiante

_____   Respira profundamente

_____   Se comunica con él en forma no verbal o en voz baja

Pausa de vacío:

_____   ¿Intervino el maestro en la pausa de vacío del alumno para sorprenderlo en un estado mental neutral automático, lo que le permitió adoptar de inmediato el *método de influencia*?

Comentarios:_____

_____

_____

_____

Cómo refinar la habilidad "Distracción/Neutral/Concentración"

El maestro ha dividido a sus alumnos en tres grupos:

_____   Grupo A: los alumnos a los que ayuda
_____   Grupo A y C: los alumnos a los que ayuda y controla
_____   Grupo C: los alumnos a los que principalmente controla

Punto a punto:

_____   ¿Priorizó el maestro su tiempo y energía para dedicar todo tiempo opcional a los grupos A y A y C?

_____   ¿La ayuda del maestro a alumnos del grupo A y C se tradujo en mayor concentración de éstos?

_____   ¿Distinguió el maestro entre alumnos del grupo C que interferían en el trabajo de los demás y aquellos otros que, pese a estar distraídos, no interferían en el aprendizaje de sus compañeros? Si intervino en el caso de los primeros y no de los últimos (a menos que haya dispuesto de tiempo para ello), esto indica que priorizó.

Retirada en dos etapas:

_____   Al mantenerse concentrado un alumno durante al menos dos inhalaciones y dos exhalaciones, ¿se irguió lentamente el maestro?

_____ Para no inducir un intercambio con el alumno, ¿mantuvo el maestro la vista en el trabajo de éste?

_____ ¿Se alejó el maestro lenta y gradualmente en tal forma que el alumno no lo notara?

_____ ¿Observó el maestro periféricamente al alumno para cerciorarse de que seguía concentrado independientemente de él?

_____ ¿Recorrió el maestro el aula con este alumno en mente? El propósito es incrementar la distancia desde la cual el maestro puede influir en el estudiante para que éste permanezca concentrado. Una vez que el contacto inicial entre maestro y alumno ha dado como resultado la concentración de éste, las frecuentes miradas del maestro recordarán al alumno que debe seguir concentrado.

Comentarios:_____

_____

_____

_____

Reforzamiento positivo: Uno a uno

_____ ¿Indujo el maestro a concentrarse a un alumno poco difícil?

_____ ¿Reforzó el maestro la concentración de ese alumno cuando éste aún se hallaba concentrado pero estaba a punto de dejar de estarlo?

Marque las técnicas de reforzamiento positivo empleadas por el maestro:

_____ Comunicación verbal

_____ Comunicación no verbal

_____ Comunicación verbal y no verbal

Comentarios:_____

_____

_____

_____

Reforzamiento positivo: Retroalimentación al grupo

_____ ¿Cuenta el maestro con un sistema de retroalimentación visual para indicar al grupo lo correcto de sus acciones?

_____ ¿Empleó el maestro el sistema de retroalimentación de _reforzamiento positivo_? En otras palabras, ¿alentó al grupo a seguir concentrado cuando estaba a punto de dejar de estarlo pero aún era buen momento para que mantuviera su concentración?

3 antes de mí

_____ ¿Dispone el maestro de un cartel explicativo del sistema?

_____ Cuando el maestro trabajaba con un alumno y otro se le acercó, ¿usó el maestro una señal no verbal para indagar si este último había buscado en otras fuentes la información que necesitaba?

_____ ¿Se acercó el alumno al maestro emitiendo la señal no verbal para comunicar que ya había buscado en otras fuentes la información que necesitaba?

Comentarios:_____

_____

_____

_____

La mano fantasma

_____ ¿Ejecutó el maestro el siguiente procedimiento al trabajar con un alumno concentrado?

     _____ Mantuvo inmóvil el torso, y especialmente los pies

     _____ Miró el trabajo del estudiante

     _____ Intensificó el contacto mediante

         _____ Contacto original con los dedos extendidos

         _____ Intensificación inicial

         _____ Intensificación adicional

     _____ Redujo el contacto mediante

         _____ Retroceso de la intensificación adicional a la inicial

         _____ Retroceso de la intensificación inicial al contacto original

         _____ Retroceso del contacto original al contacto leve

     _____ Elevó la mano mediante

         _____ Retroceso gradual del contacto leve a 1 centímetro del punto de contacto

         _____ Retroceso gradual a 30 centímetros del punto de contacto

         _____ Se llevó la mano al cuerpo

     _____ Se retiró mediante

_____ Retirada lenta para que el alumno no percibiera al maestro

Comentarios:_____

_____

_____

_____

Estrategias no verbales:
una opción a la supervisión clínica
Enseñar la habilidad, no sólo la práctica

No podemos potenciar con poder; potenciamos con influencia.

En la educación es muy común que brindemos oportunidades de práctica antes de que los estudiantes comprendan la habilidad respectiva. Por ejemplo, practicamos "matemáticas mentales" en el salón de clases diciendo: "En la primera escala ascendieron a un autobús diez personas; en la siguiente ascendió el doble; en la tercera ascendió una más, y en la cuarta descendió un tercio de los ocupantes. ¿Cuántas personas se encontraban entonces en el autobús?" Es indudable que los alumnos capaces de realizar matemáticas mentales pueden beneficiarse de esta actividad, pero este ejercicio no ayuda en absoluto a los alumnos que aún no dominan esa habilidad. Es la descomposición del problema en el pizarrón o, mejor todavía, en los pupitres individuales de los estudiantes para representar la escena con objetos reales lo que realmente permitiría a esos alumnos aprender la habilidad.

De igual manera, no es de esperar que los maestros aprendan automáticamente de la experiencia; la auténtica sabiduría consiste en compartir nuestras reflexiones colectivas sobre la experiencia. Esto es precisamente las estrategias no verbales: un conjunto de estrategias y patrones de lo que los maestros hacemos en nuestros días afortunados. Las estrategias no verbales también pueden ser de utilidad para administradores y ejecutivos de desarrollo de personal de instituciones educativas como recurso para la enseñanza de habilidades de manejo del salón de clases. La segunda parte de este libro ofrece la práctica de esas habilidades.

Este libro es un manual para el desarrollo profesional. Puede ser una opción a la supervisión clínica al evaluar el manejo del aula. Su diseño es acorde con sistemas escolares que han alcanzado el nivel de profesionalismo en el que los profesores pueden comunicar a las autoridades administrativas sus metas profesionales para un nuevo año escolar. El proceso podría ser el siguiente:

- selección de fase(s) por mejorar
  - selección de habilidades específicas de las estrategias no verbales
- Selección de fechas de conclusión de
  - formato(s) individual(es)
  - formato(s) para el observador
- Evaluación final

Esta obra fomenta el desarrollo profesional mediante la colaboración voluntaria y la asesoría de los compañeros. La evaluación final puede correr a cargo
de colegas o administradores.

El presente texto puede ser empleado en forma involuntaria para dirigir a
un maestro al logro de mejoras en una o más de las cuatro fases de una
lección. Si, en calidad de administrador, usted se ve obligado a proceder a ese
empleo involuntario de las estrategias no verbales, tenga en mente las técnicas
cubiertas en la hoja de habilidades *Del método de poder al de influencia*. Es
correcto hacer uso del PODER para sacudir a una persona (maestro o alumno),
pero hemos de evitar incurrir en el autoritarismo. Una vez conseguida la atención de la persona, opte por el método de influencia tan pronto como pueda.
A continuación sometemos a su consideración una hoja de establecimiento de
metas.

Hoja de establecimiento de metas
para las estrategias no verbales

Nombre _____ Período _____

Escuela _____ Materia/grado _____

Las siguientes son las cuatro fases de una lección. El maestro o maestra indicará en cuál o cuáles de ellas se concentrará como parte de sus metas de manejo del salón de clases.

Captar la atención

_____ Congelar el movimiento de su cuerpo (cap. 1)

_____ LEVANTE LA VOZ (haga una pausa) baje la voz (cap. 1)

_____ Detalles adicionales de la habilidad "Congelar el movimiento de su cuerpo"

_____ Instrucciones visuales iniciales

_____ Oraciones incompletas

_____ Comentarios positivos

_____ Descontaminación del salón de clases

_____ Cambie de posición y respire

_____ Luz amarilla

Transición a la actividad de escritorio

_____ Instrucciones de salida (cap. 1)

_____ Los 20 segundos más importantes (cap. 1)

_____ Detalles adicionales de la habilidad "Instrucciones de salida"

_____ Instrucciones de salida avanzadas

Preservación del ambiente productivo

_____ Voz baja

_____ Paso lento

_____ Mini vesmi

Enseñanza

_____ Levantar la mano o responder (cap. 1)

_____ Detalles adicionales de la habilidad "Levantar la mano o responder"

_____ Incremento de señales no verbales

_____ Empalme

_____ El lado opuesto del salón

_____ Aproximación verbal a alumnos inaccesibles

_____ Diga los verbos al final

Actividad de escritorio

_____ Distracción/Neutral/Concentración (cap. 1)
_____ Método de influencia (cap. 1)
_____ Del método de poder al de la influencia
_____ Detalles adicionales de la habilidad "Distracción/Neutral/Concentración"
_____ Reforzamiento positivo: Individual
_____ Reforzamiento positivo: Retroalimentación al grupo
_____ 3 antes de mí
_____ La mano fantasma

Plan de ejecución

Sería recomendable indicar lo siguiente: cuándo llenará el maestro o maestra cada FORMULARIO INDIVIDUAL; cuándo y quién llenará el FORMULARIO PARA LOS COMPAÑEROS; quién realizará la evaluación final y en qué consistirá ésta.

HABILIDADES	INDIVIDUAL (cuándo)	COMPAÑEROS (quién/cuándo)	EVALUACIÓN FINAL (quién/cuándo, uso del formulario para los compañeros)
_____	_____	_____	_____
_____	_____	_____	_____
_____	_____	_____	_____
_____	_____	_____	_____
_____	_____	_____	_____
_____	_____	_____	_____
_____	_____	_____	_____
_____	_____	_____	_____
_____	_____	_____	_____

Aspectos adicionales del plan:

_____

_____

_____

_____

_____

_____

Nombre del maestro o maestra Firma del evaluador
Firma del maestro o maestra Puesto del evaluador
Nombre del evaluador Dirección del evaluador

Citas empleadas

Glosario*

Atmósfera visual: Ambiente que debe privar en el salón de clases en etapas productivas, en particular en la fase de **Actividad de escritorio** de cada lección. Es resultado del hecho de que el maestro haya empleado recursos visuales en la impartición de instrucciones y adopte conductas no verbales favorables a la concentración, como hacer una pausa luego de dadas las instrucciones, hablar en voz baja cuando asiste a un alumno, recorrer lenta y silenciosamente el aula y usar un mínimo de comunicación verbal y un máximo de comunicación no verbal.

Auditivo: Estilo de enseñanza o aprendizaje. Las personas inclinadas al aprendizaje auditivo recuerdan fácilmente lo que escuchan y tienden a realizar comentarios no solicitados, lo que suele incomodar a los maestros. Muestran mayor habilidad en las actividades escolares diarias que en los exámenes, ya que aquéllas son reforzadas en la misma secuencia en la que fueron originalmente presentadas, mientras que en los exámenes la información está organizada de otra manera.

Binoculares pedagógicos: El salón de clases puede ser visto con binoculares pedagógicos. Este libro dirige la atención a los aspectos relacionados con el manejo del ambiente de aprendizaje, pero no debemos perder de vista el programa de estudios. Para ser un conductor hábil, el maestro debe lograr que los estudiantes se desempeñen en lo que mejor pueden hacer.

Cambie de posición y respire: Acción al final de un acto de disciplinamiento, consistente en abandonar la postura física adoptada con ese propósito y respirar. Esto permite tanto al maestro como a los alumnos retirar su atención del acto de disciplina y dirigirla al aprendizaje pendiente. Acompañe esta acción con un comentario en voz baja y suave.

Cinestésico: Estilo de enseñanza o aprendizaje. Las personas inclinadas a él aprenden mediante el movimiento y el tacto, de modo que la escuela suele ser muy estática para ellas. Gustan de la diversión y son muy selectivas, el tipo de estudiantes a quienes los maestros disciplinan más a menudo.

---

* El contenido de esta sección está organizado en orden alfabético en español; en el original aparece en orden alfabético en inglés. [N. del T.]

Decremento-incremento: *Vea* **Días del hemisferio derecho del cerebro.**

Descontaminación: Organización de los estados mentales del grupo mediante su sistemática asociación con ciertos atributos no verbales (es decir, lugares). Ejemplo: disciplinar en una parte diferente del salón o diferenciar entre la vida profesional y la doméstica.

Días del hemisferio derecho del cerebro: Días de abandono de rutinas para que los estudiantes actúen cinestésicamente, como la semana anterior a las vacaciones de invierno, el día de la clase de pintura, etcétera. Es conveniente que en tal período el maestro decremente su actitud como instructor, la carga de explicaciones verbales, la presentación de nuevos temas, la autoridad y el pensamiento crítico e incremente la dinámica grupal, el uso de objetos manipulables, el repaso de lecciones anteriores y la relación de afinidad con sus alumnos. En ciertos casos, la mañana podría ser dedicada a actividades propias del hemisferio izquierdo del cerebro y la tarde o bloque posterior al receso a "sorpresas del hemisferio derecho".

Disociación: Pérdida deliberada de contacto con los sentimientos propios. Estrategia adecuada para momentos de tensión, especialmente actos de disciplinamiento, con objeto de que el maestro pueda determinar su duración e intensidad.

Estudiantes en riesgo: El grupo de la población estudiantil susceptible de desertar. Se divide en dos categorías: los alumnos con problemas psicológicos y de maduración, y los no inclinados al aprendizaje visual (por ser cinestésicos, proclives al hemisferio derecho del cerebro o auditivos).

Estudiantes inclinados al hemisferio derecho del cerebro: *Vea* **Hemisferiología.**

Estudiantes inclinados al hemisferio izquierdo del cerebro: *Vea* **Hemisferiología.**

Hemisferiología: Estudio del funcionamiento de los hemisferios del cerebro. El hemisferio izquierdo es lógico y secuencial y está orientado a la realidad y a su interior. Los estudiantes inclinados a este hemisferio tienden a aprender mediante el procedimiento de ver un ejemplo en el pizarrón y aplicarlo ellos mismos. La escuela opera con base en este modelo. El hemisferio derecho es aleatorio, creativo e impulsivo, características propias de los estudiantes cinestésicos, quienes, a causa de su naturaleza táctil, aprenden mediante la ejecución de labores que implican el uso de las manos, movimientos y contactos y recuerdan por medio de la asociación con lugares. Aunque esta teoría carece de sustento científico, es un modelo útil para acrecentar la sensibilidad de los maestros a la motivación y necesidades de sus alumnos y a la mejor forma de responder a ellas.

Instrucciones de trabajo: Instrucciones para la **Actividad de escritorio** durante la **Transición a la actividad de escritorio**. Es recomendable enlistarlas visualmente y elaborar carteles de las más comunes para exhibirlas al instante.

Método de influencia: Estilo de manejo del salón de clases consistente en la aproximación INDIRECTA del maestro a un estudiante disonante. Implica la aproximación por un lado y con la vista dirigida al trabajo del alumno. Así, el maestro puede respirar tranquilamente y guardar cierta distancia del estudiante, a diferencia de lo que ocurriría si se colocara frente a él. El valor de este método es que permite al estudiante proseguir con *su tarea*, pues le brinda la sensación de que cumple su deber por voluntad propia, lo que preserva la relación maestro-alumno. Así pues, urge incorporarlo a la educación.

Método del poder: Estilo de manejo del salón de clases consistente en la aproximación DIRECTA del maestro a un alumno disonante; es decir, la aproximación de frente y con contacto visual con éste, de modo que la tensa respiración del profesor se vuelve perceptible dada su cercanía física con el estudiante. La desventaja de este método es que induce al alumno a pasar de la *distracción* de su labor a una posición *neutral*, no a la *prosecución* de su tarea; en consecuencia, cumple su deber por efecto de la presión que el maestro ejerce en él, con lo que ocurre el reforzamiento negativo. Para preservar en buenas condiciones la relación maestro-alumno, es preciso remplazar este método por el método de influencia.

NEA: National Education Association, la organización magisterial más grande de Estados Unidos. Publica resultados de investigaciones, como el de que 82% de la comunicación de los profesores ocurre a través de mensajes no verbales (Patrick Miller, *Nonverbal Communication*, National Education Association, Washington, colección "What Research Says to the Teacher", 1981).

PNL: Programación Neurolingüística, PNL, método de comunicación desarrollado por John Grinder y Richard Bandler a partir de un modelo psicológico, aplicable en principio, en calidad de conjunto de supuestos y habilidades, a situaciones bipersonales. **PNL pedagógica** es un conjunto de patrones para educadores eficaces en el contexto grupal del salón de clases. Éste es uno de los libros que describen tales patrones.

Pausa de vacío: Instante en que los estudiantes cesan de concentrarse en una cosa antes de concentrarse en la siguiente. Se hallan entonces en un estado de limbo, en "posición neutral" temporal.

Reforzamiento negativo: Puesto que todo acto de corrección de los maestros representa para los estudiantes una oportunidad de establecer contacto, los alumnos con insuficiente relación con adultos en el hogar buscan inconscientemente cualquier tipo de contacto, incluso el negativo. Sin percatarse de ello, los maestros refuerzan por este medio la adopción de conductas negativas. Ésta es la desventaja del método del poder.

Visual: Estilo de enseñanza o aprendizaje. Las personas inclinadas al aprendizaje visual suelen adecuarse perfectamente a la escuela, pues aprenden recordando lo que ven. Poseen además la capacidad de reorganizar información, lo que les permite destacar en los exámenes. Tienden a pensar metódica y ágilmente. La enseñanza visual implica claridad y orden, la muestra del contenido en el pizarrón o de frente, la indicación de cómo hacer algo, etcétera.

Acertijo de las ardillas

El radar fue concebido en 1904. ¿Cuánto tiempo transcurrió antes de que fuera posible utilizarlo?

Índice analítico

Este índice remite únicamente a los formularios individuales. En el caso de las habilidades, contiene sólo las menciones a éstas no señaladas en el índice general. Hemos omitido asimismo las referencias a las "siete estrellas", a causa de sus reiteradas apariciones a lo largo del libro.

Acerca del autor

Durante sus tres primeros años como maestro de preparatoria (bachillerato), Michael Grinder comprobó, gracias al ejemplo de Carl Rogers, que sólo es posible aprender de verdad en un ambiente de *confianza* producto del establecimiento de *relaciones*. Al trabajar con Sid Simon y Howard Kirschenbaum, comprendió que las *relaciones* maestro-alumno y alumno-alumno influyen poderosamente en la *autoestima* de todos los involucrados. Sus ricas experiencias docentes en Watts, el distrito Escalante de Compton y la costa central de Oregon con la comunidad indígena siletz le enseñaron que las *buenas intenciones* no bastan: las culturas ajenas merecen nuestro más profundo y efectivo respeto.

Tras 17 años como maestro de educación básica, media y media superior, hoy Grinder se dedica a difundir su método pedagógico en corporaciones como Nike, Hewlett-Packard y Volkswagen, aunque su pasión por el salón de clases no ha declinado, como lo demuestra el hecho de que, hasta la fecha, haya visitado más de 5 000 aulas de tres continentes. Lo observado en ellas le sirvió de base para dos de sus cinco libros: *ENVoY* y *Righting the Educational Conveyor Belt* (1989). En este último ofreció a los maestros una explicación práctica de los diversos estilos de aprendizaje, y en especial de la composición de la población estudiantil en riesgo. Las doctoras Emily Garfield, de Stanford, y Jenny Edwards preparan actualmente la edición de los datos que comprueban la eficacia del programa de estrategias no verbales para la enseñanza en escuelas de varias entidades federativas de Estados Unidos.

El objetivo de Michael Grinder & Associates es revertir la tendencia a la "excesiva preparación y escasa aplicación". El programa de estrategias no verbales para la enseñanza consta tanto de un curso teórico como de un curso de capacitación de promotores y asesores distritales. Asimismo, brinda gran cantidad de recursos a administradores de instituciones educativas. Si desea obtener mayor información sobre los productos, servicios y cursos que ofrece esta organización, visite su sitio Web, en http://www.michaelgrinder.com.

Michael y Gail Grinder viven en una granja silvícola en Washington, en compañía de sus tres hijos, una sobrina y sus respectivas familias, todos los cuales consideran que vivir juntos es una magnífica fortuna.

Esta obra se terminó de imprimir
en octubre de 2005, en los talleres de
IREMA, S.A. de C.V.
Oculistas No. 43, Col. Sifón
C.P. 09490, Iztapalapa, D.F.